汉语言文学教学优化策略研究

张玉亭　著

北方联合出版传媒（集团）股份有限公司
万卷出版有限责任公司

图书在版编目（CIP）数据

汉语言文学教学优化策略研究 / 张玉亭著. -- 沈阳 ：万卷出版有限责任公司，2024.7. -- ISBN 978-7-5470-6582-2

Ⅰ. H19

中国国家版本馆 CIP 数据核字第 2024YX1139 号

出版发行：北方联合出版传媒（集团）股份有限公司
万卷出版有限责任公司
（地址：沈阳市和平区十一纬路 29 号　邮编：110003）
印 刷 者：辽宁鼎籍数码科技有限公司
经 销 者：全国新华书店
幅面尺寸：170mm×240mm
字　　数：175 千字
印　　张：13
出版时间：2024 年 7 月第 1 版
印刷时间：2024 年 7 月第 1 次印刷
责任编辑：刘书吟
责任校对：张　莹
装帧设计：马静静
ISBN 978-7-5470-6582-2
定　　价：48.00 元
联系电话：024—23284090
邮购热线：024—23284448

前言

中华文化源远流长、博大精深，经历了数千年的历史发展，汉语言文学已经成为我国五千年历史长河的文化结晶，体现出深刻的文学内涵与艺术价值。汉语言文学在历史发展中独具民族特色，对中华文明的形成和发展具有重要意义，对我国传统文化的继承和发扬也具有重要贡献。

现如今，随着我国经济的快速发展，文化水平也有了显著的提高，在我国各大高校，汉语言文学专业很早便作为重要的专业开展起来，并为我国的文学事业输出了大量的人才。近年来，随着市场经济的不断调整，经济发展状况和教育理念也有了不同程度的改变，传统的汉语言文学教学方式已远不能适应现代教育的发展，如何不断地发展、创新我国汉语言文学是目前我们所面临的主要问题之一。为了使汉语言文学教学能够跟上时代的发展步伐，教师必须结合现今的情势来对汉语言文学进行优化，使它符合现今的教学要求。

本书从汉语言文学的发展研究入手，着重论述了汉语言文学的教育现状；接着对汉语言文学的教学进行了深入分析，讲述了汉语言文学的课程教学和汉语言文学的实践教学；最后从汉语言文学的教学方法优化创新、汉语言文学教学的实践应用优化创新两个方面探究汉语言文学教学优化实践路径。本书对汉语言文学教学工作具有较高的参考价值。

因著者知识水平、文字表达能力有限，本书在专业性上存在一定不足。对此，希望各位专家、学者和广大读者能够予以谅解，并给予批评指正。

目 录

第一章

汉语言文学的发展研究

第一节　汉语言文学的特征及表现形式

文字作为人类文明传承的载体对人类社会的发展具有极其重要的意义。目前，世界上发现的四种古文字分别为汉字、楔形文字、象形文字、玛雅文字，其中只有汉字仍在使用，其余三种文字均已销声匿迹。

汉字从甲骨文发展至今，经历了数千年的历史。在甲骨文时代，民间的占卜、传说即汉语言文学的雏形，其中大量地使用了比喻、排比等句式。

一、汉语言文学的特征

文化是国家、民族、社会有序可持续发展的根本动力，脱离文化规范的任何发展形势都是危险的。汉语言文学作为中华传统文化的重要载体，承担着重要的历史使命。纵观汉语言文学的发展历程，其主要特征为以下三点：

（一）丰富的体裁

汉语言文学历经千年的发展，涌现出丰富多样的体裁。古代的汉语言文学主要包含诗歌、楚辞、乐府、词、赋、散文。在近代出现了更多的文学体裁，其与古代文学体裁相比更加多样化、内涵化以及贴近社会，主要包括新型诗歌、小说、戏剧、散文诗、电影文学。中国出现最早的诗歌集为《诗经》，其内容丰富，反映了周朝初期至周朝晚期之间的社会生活风貌。《诗经》的句式主要为四言，其修辞方法主要为重叠反复，反映了周朝诗歌的特色。在《诗经》之后兴起的诗体为楚辞和乐府。楚辞是在楚地民歌的基础上发展而起的，反映了楚地的风土人情，其典型代表人物为屈原。乐府作为叙事诗歌具有强烈的现实感，通过描述社会现实展现了当时的社会生活。随着朝代的更迭，诗歌的体裁也在不断丰富。唐朝的诗、宋朝的词、元朝的曲都丰富了汉语言文学的体裁。

（二）显著的阶段性

中国历史悠久，朝代更迭纷繁复杂。汉语言文学随着朝代变换也经历了起伏。不同的朝代发展出不同的文学内容，突出反映了当时的社会风貌和文风。古代诗歌的发展有两个最兴盛的时期，分别是周朝和唐朝。《诗经》主要成书于西周初年至春秋中叶，共收录了311篇诗歌，反映了爱情、战争、生活习俗等内容。唐诗的表现形式比《诗经》更加多样化，主要为五言和七言。唐诗作为中华民族的宝贵遗产，对世人研究唐代的经济、生活具有重要的参考价值。唐诗在发展中也涌现出多种派别，主要为山水田园诗派、边塞诗派、浪漫诗派、现实诗派。每种诗派侧重描写不同的内容，表达了作者不同的思想感情。随着唐朝的衰败，汉语言文学的体裁逐渐变化。到宋朝时，宋词开始兴起，其是宋代文学的最高成就。宋词是汉语言文学中璀璨的明珠，其代表人物有苏轼、辛弃疾、柳永、李清照。宋词之后，汉语言文学中相继出现了元朝的戏曲以及明清时代的小说。无论是唐诗、宋词、元曲、明清小说均与朝代的更迭有着莫大的关联，同时也反映了汉语言文学发展的阶段性。随着朝代的起起落落，汉语言文学的体裁也在逐渐改变。

（三）独特的文学流派

文学作品寄托了作者丰富的思想感情，反映了作者内心的思绪。在唐诗兴盛的年代，王维、孟浩然的诗作主要描写绿水、青山、隐士，风格恬静淡雅，其向往田园诗意般的生活，被称为山水田园诗派。高适、岑参、王昌龄等主要描写边塞生活、风景、战争，被称为边塞诗派。在

宋朝，柳永、李清照等描写的词主要侧重儿女情长，表现诗人的柔婉之美，被称为婉约派。苏轼、辛弃疾的作品用词宏博，气势恢宏，被称为豪放派。在古代文学的发展中，文学流派引领了时代的潮流，进一步推动了汉语言文学的发展。由此可见，在每个时代，文学流派均对当时的汉语言文学发展起到了极大的推动，为汉语言文学的繁荣做出了巨大贡献。

二、汉语言文学的表现形式

汉语言文学博大精深，是中华传统文化的瑰宝。在数千年的发展历程中，汉语言文学发展出了多种风格迥异的表现形式，其主要为诗歌、散文、小说、戏剧、报告文学等。诗歌朗朗上口，饱含真情，立意新颖，易于传唱；散文形散神聚，语言优美，富含情感，易引起读者共鸣；小说叙事紧凑，情节完整，构思精巧，引人入胜；戏剧贴近生活，空间和时间高度集中；报告文学具有新闻性、真实性，能够通过艺术的手法展现最真实的新闻。

汉语言文学博大精深，记载着悠久的历史，传递着千年的文化。以上简述了汉语言文学的三个主要特征及其多种表现形式的特点。

第二节 网络语言对汉语言文学发展的影响

汉语这门语言经过长期的发展，已经达到了一个比较成熟、完善的阶段。祖先给我们创造了一个丰富多彩、无与伦比的汉语言文学。汉语言文学是我们中华民族文明发展的基础，在21世纪，信息的发展迅速，快节奏的社会生活在一定程度上影响着文学的发展。网络的出现，更是给文学带来了巨大的变化，汉语言文学在新世纪如何发展，成为我们必须思考的问题。如今已是信息化的时代，人们在科学探索领域投入了更多的精力，而文字在一定程度上更多的是使用它的基本功能。出现网络以后，文字作为信息交流、思想交流的工具，为人们的生活提供了便利，也为继承和提升汉语言文学创造了更加有利的条件。但是，比起一些发达国家，我国人民的阅读时间和欣赏文学的积极性等方面与之有较大的差距。人类社会的文明是物质的文明、科技的文明更加离不开精神的文明。汉语言文学在新时代新背景下面临着一系列的问题，我们要珍惜优秀灿烂的中华文化，对文学保持热情，提高自身文学修养，在延续中华文明的同时，让汉语言文学能够向产业化、国际化发展。随着网络的迅速发展，一种新的语言形式也随之而来，这就是“网络语言”。在很多人的眼中，网络语言其实是传统语言的一种变体，它丰富了传统语言，也是传统语言的发展。网络语言为古老的汉语言带来了新的活力，大部分的网络语言已经被人们熟悉并接受，但是总体来说，这种新的语言形式还是缺少统一的标准，给人们生活带来的影响也有利有弊。

一、什么是网络语言

网络语言是伴随着网络的发展而新兴的一种有别于传统平面媒介的语言形式。主要是网友们为了提高网上聊天的效率或某种特定的需要而采取的方式。它形式简洁，易于交流，便于理解。其实，网络语言是在虚拟空间的一种表达形式，它的类型有：数字型，88（拜拜）；谐音型，荡＝download（下载）；字母型，MM＝妹妹；符号型，“O. O”表示“惊讶”的表情；同音型，围脖＝微博；新造类，如“神马都是浮云”。

二、网络语言对语言文学的影响

（一）网络语言带来的积极影响

世界上每一种语言的更新和发展，都是在使用之中不断进步的。从文字本身来说，网络语言对汉语言的发展起到了一定的推动作用。如英语，每年都有很多的合成词随着科技进步和社会的发展所诞生。网络语言通过缩略、符号、借用一些外来词或者将传统的汉语赋予新的意义等手法来丰富词汇，不但形式多种多样，使用起来更是灵活多变。而且网

络语言的语法打破了常规语法的规则，使人们的文字语言表达更丰富，不受传统语言的限制，给人们的生活增添了乐趣，增加了色彩。比如，“囧”这个字的流行，给人们的生活增添了很多乐趣，也使语言的表达更加形象。另外，很多青少年对传统文化的兴趣也是由于网络文化带来的乐趣激发的。从另外的角度看，流行起来的网络语言大多数是来自社会的热点人物或者事件，从侧面体现出社会中存在的问题和一部分趋势，人们对某一社会问题的注意可能就是因为某一网络词语的频繁出现。由此看来，网络语言之所以流行，也是因为人们对这些词汇的出处非常关注。如今，网络已经渗透到人们的日常生活，每一个人在网络上都可以畅所欲言，网络不仅成为大众表达看法、参与社会生活最普遍、最便捷的方式，甚至成为信息传播的最主要方式。也正是因为这一现象，网络语言才能如此迅速地发展起来。

（二）网络语言带来的消极影响

首先来说，一部分网络语言偏离了汉语规范。网络语言普遍是为了追求新奇和方便，在很多方面都没有遵循汉语规范。有些词语的词义被曲解，还有很多刻意的错别字，这些都会在教育方面产生负面的影响。网民的主要群体之一就是青少年，他们喜欢新鲜事物，而且乐于并且善于接受新鲜事物，他们情感非常丰富，却没有很强的辨别是非的能力。青少年正处于语言学习和培养的阶段，大量地使用、接触网络语言，容易养成不规范表达的坏习惯，这对语言学习必将造成不良的影响。其次，大量地接触网络语言会使我们的书写能力、阅读能力，以及对语言的鉴赏能力慢慢下降。网络是虚拟的，它打破了现实生活中的界限，营造的是一个文化交流的大世界。网络语言因为其丰富多样和巨大的张力建造了一种新的语言模式。这种直白的文字和特殊的表达方式，迅速渗透到了传统的语言文化中，使得传统语言的功能变得淡化。

随着全球经济化的到来，国际之间的沟通交流也是愈加频繁，这不单单是说国际之间的经济贸易，文化产业的交流发展也随之而来。语言作为交流的重要载体，人们也是越来越重视。新的时期，随着中国在国际上的影响力逐渐扩大，人们对汉语也有了更高的关注，汉语言的发展也有了更为广阔的前景。越来越多的国家都在积极倡导学习汉语，外国人感受到了中国古老的文化，体会到了汉语言文学是魅力无穷的，在世界范围内都掀起了学习汉语的热潮。中国是一个语言文字起源大国，汉语经过长期的发展，历史积淀很深厚，做好规范的汉语言文化传播是文化的需要，更是搭建国际友好关系的桥梁，规范的汉语言对于国际交流来说意义重大。在新的时期，汉语言迎来了新的发展机遇和挑战，因此，对于汉语言文化的传播要加大力度开展，扩大汉语言的影响力，逐步实现汉语言的产业化和国际化发展。当然，想要实现汉语言文学的产业化和国际化这一目标还要走很长的路，汉语言文学如何发展，怎样实现更大范围的发展，这需要树立一个长期发展的目标。要积极有效地探索实现产业化和国际化的需要。在这一点上，汉语言文学要注重树立本身的特点，与此同时提高自身的影响力，扩大影响范围，实现进一步的突破和提升。

第三节　新媒体环境下汉语言文学发展探究

伴随着全球化进程，国际交流日益频繁，除去政治经济间的交流，文化间的交流和发展也成为各个国家之间交流的重要方面，文化交流也为各国之间架起了一座友好的桥梁。随着网络的发展，新媒体技术不断更新，文化间的交流更是以不可想象的速度在进行，在促进国际文化融合交流的同时，也带来了一系列需要思考的现象和问题。

一、新媒体环境下汉语语言存在的困境

新媒体的传播环境为汉语的发展带来了新的环境和机遇，网络语言丰富了现代汉语的词汇以及表现形式，但是同时也为汉语发展带来了新的问题和困境。一些网络流行语作为一种恶搞的形态存在，带来所谓的“娱乐狂欢”的同时，也对社会意识形态造成一定的冲击，包括对传统

的道德观念、历史观念、群体观念、社会家庭等带来冲击，更是对大众文化的消融、消解和异化。

进入新媒体时代，纸媒受到了很大的冲击。受众更多的是使用网络平台了解咨询，接收信息，进行交流，而对于纸质媒介的使用越来越少，同时，对于用纸质媒介进行信息传递也越发减少。从早期的网络邮件、手机短信再到SNS社区网站的交流，到目前火热的微博、微信等，进入网络时代，人们的交流方式越发的多样化，逐步地进入了多屏时代。网络平台因其及时性、互动性以及传播速度等一系列优势，逐渐改变着人们的生活方式和生活习惯。与此同时，人们的用语习惯和书写习惯也发生了很大的改变，人们越来越多地使用电子方式进行打字，而在纸质媒介上的书写习惯逐渐淡化，以至于很多人出现了提笔忘字。人们越来越依赖于电脑打字，忽略了汉字书写的魅力，忽略了汉字字形的美感。

网络传播日益自媒体化，人人都可以发声发言，都有表达的权利，网络流行语的出现和火热正是这种草根声音的爆发。但是这种自媒体式的表达缺乏把关，使得网络传播言语内容碎片化、谣言化。碎片化、谣言化的传播短期内给受众带来了信息传播环境的污染，带来的是信息垃圾，长久的影响是碎片化信息接收习惯，带来的却是碎片式的思维方式，缺乏深入的逻辑思维和思考，极不利于现代汉语思维方式的发展。网络媒体的主要受众以年轻人为主，他们是社会的中坚力量，这种碎片式的思维方式和习惯不利于年轻人形成正确的价值观和社会责任感。

二、汉语言如何应对现代网络语言的冲击

以网络为特征的信息时代使得网络语言的地位尤其突出，因此，人们对于网络语言不能一味地拒绝，应该把好网络语言进入全民交际语的关口，认真研究相关内容以及现象，处理相关问题，规范网络秩序，对网络语言的吸取做出正确的引导，并加以规范。单纯地禁止往往只能带来负面的影响，反而会刺激人们的叛逆心理。我们主张的应对措施需以

疏导为主，对生动有趣、意味新奇的符合汉语字词规范的网络语言尽可接受进入主流语言规范中。对于不合规范又缺乏实际语言价值的各种网络语言符号加以治理。

三、解决新媒体下汉语言发展问题的对策

（一）规范汉语言文学教学，引导学生客观地看待网络流行语

在新媒体环境下，网络流行语言的大量涌现对汉语言文学在一定程度上形成了冲击。此时，教师应该发挥指引作用，指导学生恰当地对待网络用语，同时，也不能一味地对网络语言进行否定，而要客观地看待，取其精华，去其糟粕。网络流行语虽然为汉语发展带来了新鲜，但是网络流行语水平参差不齐，有的符合汉语的发展规律，有的则完全相反。因此，教师在教学中要适当地加强汉语规范化知识的教学，引导学生正确地认识网络流行语。帮助学生，尤其是初、高中生，正确、理性地认识网络流行语，让学生学会适度地、有选择地吸收并使用网络语言，并且让学生自觉地维护语言的纯洁与规范。在规范网络流行语使用的同时，还要注意对传统规范汉语的教学，培养学生的汉语审美能力，让学生明白传统语言凝重、精练，恰当地使用传统语言能够体现一个人语言的素养与学识。

（二）加强受众网络媒介素养

网络媒介的主导是受众。受众不仅仅是网络媒体内容的接收者，同时也是信息内容的创造者，具有双重身份。网络受众不仅对内容信息进行浏览、复制和评价，同时还发布信息，上传图片，创造网络信息。网络是现实社会的一个缩影，网络信息在一定程度上是社会价值观的一种呈现，因此，从某种意义上讲，网络媒介的环境取决于受众的媒介素养。网络流行语是草根网民集体智慧的结晶，网络流行语质量的高低好坏，以及它所反映出的文化的价值取向，都与网民的素养有着直接的联

系。加强网络受众的媒介素养培养对于营造健康的网络环境有着密不可分的关系。培养良好的上网习惯，养成良好的网络用语习惯，做一个合格的网民具有十分重要的现实意义。在当今网络把关人不足之时，应进一步强化媒体的规范与自律，这也是营造良好的网络用语环境的必要途径之一。网络给受众提供了一个公开自由的话语空间和平台，加强网络平台的信息把关，对避免网络信息的低俗化和非主流化，以及遏制不良信息起着十分重要的作用；对网络舆论进行必要的引导，加强媒体的行业规范和自律，是对培育健康、绿色的网络传播环境应有的行业责任。

汉语的发展是不断变化的，新媒体阶段也是汉语发展的一个阶段，网络流行语的出现是汉语进化过程中已经产生的过程。究其本质，网络流行语的出现，正是基于广大群众对自我表达的一种意愿，是草根文化的一种凸显，每一句网络流行语展现的都是一种社会文化。对于网络流行语，我们应该以正确的态度对待，吸取精华，剔除糟粕，正确地加以规范。

第四节　全球化背景下汉语言文学发展的思考

汉语言文学是我国文学领域的一个文化瑰宝，对汉语言文学进行系统的、全面的学习才能够了解我国的诗词歌赋及文学著作。随着经济全球化的发展，全球化不仅仅表现在经济方面，还表现在文化和其他领域。全球化的风潮席卷而来，一方面促进了各国的经济交流，另外一方面实现了国家之间不同文化的交流，当然也包括语言的渗透。那么，汉语言在全球化背景下，会遇到怎样的发展境遇是现在大家关注的焦点。事实上，全球化为不同国家的发展都带来了机遇和挑战。在整个世界文化繁荣发展的当代，文学的发展空间还是很大的，我国汉语言文学的发展走向也是不错的，汉语言文学正好可以借助经济全球化这个机会走向国际化，让更多的人了解中国的汉语言文学，同时，全球化也将推进汉语言文学的进一步发展。

一、汉语言文学发展的背景

随着经济全球化的到来，国际的交流和沟通也越来越频繁，这不仅仅体现在国际的经济贸易上，在文化产业的发展上也是这样。作为重要的交流媒介——语言，也越来越受到人们的重视。对于中国来说，汉语言的发展经历了较为长期的发展和变迁。在新的时期，中国在国际舞台上的影响力在逐渐地扩大，这样一来，人们对于汉语的关注程度也越来越高，很多外国人都在积极地学习汉语，开始接触古老的中国文化，感受魅力无穷的汉语言文学，在世界广泛的范围内出现了学习汉语的热潮。当然，汉语言文学要实现产业化和国际化的发展目标还需要很长的路要走。对于汉语言文学的发展来说，实现更大范围内的发展需要树立长远的发展目标。

二、汉语言文学发展面临的问题

（一）国际化背景下的冲击和挑战

在西方文化的强烈攻势下，尤其是在英语国家的语言冲击下，现在的人们学习英语的时间远远超过了学习中文的时间。在中学期间，升学的压力是最重要的，但是到了大学，就业的压力恐怕是最重要的。凡是求职，大多数公司都要求职员 CET4 或者 CET6。另外一方面是出国的需要，这对英语的要求更高，TOEFL 和 GRE 占用了多少人的时间和精力。国际化理念的深入给汉语言文学带来了新的发展机遇，但是我们同时看到，大量的国外作品也趁着国际化的契机不断地涌入我国市场，这种现象导致汉语言文学在我国的文学市场中受到了巨大的冲击和影响，从这一角度上看，我国的汉语言文学发展面临着前所未有的挑战，我们必须采取相应的措施和策略来抵御外文给汉语言文学市场造成的这种冲击，必须严格要求作品的质量，不能片面地认为国外的作品就是好作品，必须在这些作品中进行严格的筛选，选取其精华的部分。

（二）古代汉语发展受到严重冲击

近年来古汉语发展陷入了一种困境，一些文史类的高校在古汉语文学专业方面的招生难度在不断增大，高层次人才更是难以培养。现代很多人将主要的精力放在了追求物质主义、实用主义方面，应用性的专业受到了极大的推崇，金融、信息技术等专业成为现代社会学生报考的重点，因为这些专业毕业之后相对可以更容易找到工作，今后的生活也将有更好的发展。但是古汉语专业的发展空间比较有限，毕业生就业难度较大，一旦进不了与其对应的相关部门，在社会中就很难找到合适的岗位。

（三）现代汉语言文学受到严重冲击

纵观我国中小学、高等教育的发展，在中学阶段，学生必须将其主要精力运用在数理化还有外语的学习之中，对于语文的学习也只是集中在应试教学的模式之中，这时候的学生在正常的学习之外没有更多的时间去阅读现代汉语文学，很多学生在这个方面的阅读量少得可怜。有时到了初三、高三之后，需要应对考试中的作文，一些语文教师开始要求学生大量阅读期刊上的短篇文学，但是这些杂志上的一些文章都是属于一种快餐文化，从表面上看具有一定的哲理，但是没有什么实际内涵。当学生进入大学之后，他们还是没有时间阅读汉语文学作品，他们这时候开始将自己的主要精力运用在社会实践之中，不断锻炼自己的专业技能，为今后的就业打基础，他们同样很难有时间去阅读一些现代汉语言文学作品。就业之后，人们开始把自己的主要精力放在工作之中，现实社会快节奏的工作学习方式，使得人们更没有时间阅读这些与工作和学习“无关”的汉语言文学。

（四）外语的学习热度在不断提升

由于全球一体化的发展趋势，很多人基于实用主义的思想，开始用外语武装自己，利用业余时间开始学习更多的外语，前几年的英语专业的报考热潮使得近年来的英语专业的毕业生急剧增多，造成了一些毕业生难以找到合适的工作。这两年人们将主要精力又投入小语种的学习之中，阿拉伯语、西班牙语、法语等这一类的外语又成为人们学习的热点。外语的热衷是有着内在推手的，在中学阶段，中考、高考中英语的分值是和语文、数学一样的，到了大学之后，还有英语的四六级考试，虽然近年来教育部取消了四六级合格证书，但还是保留了四六级考试，并发给学生成绩单，这种成绩单便成为用人单位招聘过程中四六级证书的取代品，另外出国深造还需要考英语。这一系列的要求使得人们不能放弃对于外语学习的热情。这种对于外语学习的热度势必挤压着人们对于自己本国语言文学的关注度。虽然经过多年艰难的发展，我国的文学也有了里程碑式的发展，莫言获得了诺贝尔文学奖就是一个典型代表，然而现在国内又有多少人阅读过莫言的这些作品呢？

三、全球化背景下汉语言文学的发展措施

全球化为汉语言文学的发展创造了良好的平台，但是一些不利因素同样影响着中国的文学市场，所以我们必须着力提升汉语言文学的主体地位，只有这样，才能积极应对外来文化所带来的巨大冲击，保证汉语言文学在市场中的健康发展。

（一）树立起产业化发展的理念

古汉语作为中国传统文化的基础也是汉语言文学最为丰富的素材宝库，它对于汉语的发展来说具有重要的意义，同时也是一系列中国传统文化的集成。随着近代历史的发展和变革，白话文开始兴起，汉语言文学也开始了一场变革和发展，而现代青少年对于深入学习、研究古汉语和国学的耐心正逐步减弱。汉语言文学的产业化应该与汉语支撑并由汉语表达的中国的价值观理念结合在一起，而不应该是由汉语描绘出的其他文化的内容，在这方面需要加强注意。

（二）树立起国际化发展理念

对于汉语言文化的全球化发展来说需要做好全面的规划和详细的分

析。对于汉语言的发展来说，要想实现其全球化的发展，重要的一点就是要实现汉语的国际化，让更大范围内接受汉语。这对于汉语言的发展来说是一个重要的前提。中国的文化要想走向世界，语言是较为重要的一个代表，在这方面汉语言的发展就有了很好的平台。

（三）借鉴外文的推广方式

全球化背景下，我们可以很明确地看到外国一些先进的、科学的文学推广方式和手段。外文在我国的发展速度很快，且发展势头很好，那么我们就应该要去学习国外这些先进的推广方式。在全球化背景下，各种技术在交流和沟通上都是很方便的，我们可以通过网络或者图书馆等进行收集相关资料的工作，也能够轻易地了解到外国先进的推广理念，我国的汉语言文学在推广方式和措施上，可以借鉴和学习一些国外先进的推广理念，采用科学有效的推广方式促进我国汉语言文学的发展。我们可以看到，外国在文学的保护工作上做得很到位，这点是值得我们学习的。

（四）加大汉语言文学的外语翻译工作

就像国外的一些英文类著作，经过翻译后走进我国文学领域一样，汉语言要走出国门，走向国际化也必须先做好外语翻译工作。全球化要带动我国汉语言文学的发展，那么首先，汉语言文学就必须符合被推广的条件，在推广工作面前，我们不能想着让别人来迎合我们，而是应该主动地采取有效措施来让外国人了解我们的文学作品。我国的汉语言文学可谓博大精深，但是，不懂汉语的外国人不能够看懂这些著作，这样一来，汉语言的国际化发展方向就会面临重重阻碍。全球化带来了经济、文化等得以交流的机会，我们要把握这些机会，要把汉语言文学推广到国外，就必须做好汉语言文学的翻译工作，将更多的优秀的汉语言文学作品翻译成外文，并要提高翻译的质量。一般来说，汉语言文学要翻译成外文是比较有难度的，所以，应该要挖掘、选拔一些具有专业知识和擅长外文翻译的人员来进行汉语言文学的翻译工作，只有搞好汉语言文学的翻译工作，提高翻译质量，汉语言文学才能被广泛地推广到全世界。全球化背景下，很多方面都将实现国际化标准，汉语言文学也必须实现国际化标准，只有符合国际文学的鉴赏水平，只有得到国际对我国汉语言文学的认可，我们的汉语言文学推广工作才能顺利进行下去。

总的来说，在全球化的大背景下，汉语言文学有了一个很好的发展机遇，也面临着一些冲击和挑战，我们要把握机遇，具体问题具体分析，研究对策和措施，这样才能化解不利因素，把汉语言文学发展壮大。

四、汉语言文学的全球化展望

汉语言文学要想走出具有特色的全球化道路，必须着手于汉语的全球化。可以说汉语全球化的道路坎坷而又漫长，但是我们相信，只要坚持加强对外汉语的教学，发展我国的综合国力，那么在不久的将来必将达成这一目标。现在一些国外的学校都非常重视汉语教学，孔子学院在很多国家的设立和普及就是最为有力的证明。

2012 年因莫言获得了诺贝尔文学奖，使得我国的文学受到了国际的广泛关注，但是我们应该清楚地认识到，汉语言文学的国际化道路仍然任重而道远，要将汉语言文学推向国际，得到认可，我们依然面临着诸多严峻的挑战。

在国际化进程不断加快的今天，我国的汉语言文学面对着巨大的冲击和挑战，同时更出现了一些机遇，只有在汉语言文学的发展道路上，充分把握这些机遇，结合当前的形势，制定切合实际的措施以及策略，才能不断解决出现的问题，消除不利因素的影响，让汉语言文学走上一条健康的发展道路。

第二章

汉语言文学教育现状

第一节　汉语言文学教育存在的问题

汉语言文学的教学质量直接影响学生的汉语掌握程度。目前，我国高校在汉语言文学教学过程中，依然采用传统的教学模式，有时难以满足社会发展的需求。随着社会的发展，社会人才战略观念和教育观念也随之发生了变化，这对传统的汉语言文学教育无疑是个挑战。尽管汉语言文学专业在我国高校中分布广泛，但教学过程中依然存在着各种问题。探讨汉语言文学教学中存在的问题及对策，在一定程度上能够推动我国高校汉语言文学教学的发展和进步。

一、汉语言文学教学课程中存在的问题

（一）课程教育过程中的教育理念模糊

一些汉语言文学教师缺乏正确的教学理念，未充分掌握教学的主要内容，难以在教学过程中明确汉语言文学的教学方向，不利于提升学生的综合文化素养。随着新课改的不断施行，很多教师对原有的教学模式进行了调整，获得一定成效。但是，也有一部分教师没有对教学模式进行深入研究，限制了汉语言文学教学的进一步发展。

（二）缺乏完善的课程教育体系

汉语言文学教学的课程教育体系不够完善，课程内容设置不够合理，难以满足人才发展的需求。在新课改的推动下，高校应该构建完善

的课程教育体系，并充分掌握课程的内部结构。

（三）理论与实际应用难以结合

汉语言文学教育在一定程度上推动了我国社会的发展。在新课改的推动下，教师不断地充实自我，丰富自身的理论知识，这对教师革新教学模式有很好的促进作用，同时也提高了教学成效，并在教学过程中积累了很多宝贵的教学经验。但是，依然存在理论与实际应用难以结合的现象。在汉语言文学教学过程中，教师始终重视理论知识，而忽视了实际应用，导致学生不能充分发挥自身的主观能动性。

二、汉语言文学教学中采取的措施

（一）明确汉语言文学的教学理念

只有教师明确汉语言文学的教学理念，才能推动汉语言文学教育的深入发展。第一，教师应该提升自身的教育理念，不断更新教学内容，满足学生发展的需求；第二，教师应该将汉语言文学的教育理念贯穿课堂始终，不断提高学生的文学素养；第三，在教学过程中，教师还应该有效掌握课堂教学的方向，梳理出清晰的教学思路。

（二）完善汉语言文学课程结构体系

汉语言文学教育在一定程度上能够推动社会的进步与发展，能够创造出更大的社会效益。因此，完善汉语言文学课程结构体系很有必要。一方面，在汉语言文学的教学过程中，教师应该正确引导学生，以学生作为课堂的中心，充分调动学生的主观能动性，使他们能够积极地投入课堂中；另一方面，教师还应该为学生营造良好的学习环境，开阔学生的视野，激发学生的学习热情，提高教学成效。

（三）加强理论与实际应用相结合

只有将理论与实际应用相结合，才能更好地推动汉语言文学教学的有效开展。一方面，教师不仅要注重理论知识学习，还要高度重视实际应用能力。在汉语言文学教学过程中，教师应该把课堂中所学的理论知

识与实际工作中的内容相结合，只有这样，才能让学生充分掌握教学的相关内容，并将其合理地应用到实际工作中去，为学生今后的工作奠定基础。另一方面，教师还应该充分掌握学生的学习状况，注重学生在学习中提出的反馈建议，并对其进行分析，这样有利于教师及时调整原有的教学方法和手段，从而树立正确的教学思想。

（四）提高汉语言文学教师的专业素养

高校应提高汉语言文学教师的专业素养，提升教师的教学技能。第一，高校应该定期组织教师参加培训活动，丰富他们的理论知识；第二，教师要改变传统的教学手段，更新教学方式，培养学生的独立自主能力，与学生进行良好的互动，营造轻松活跃的教学环境，激发学生的学习热情，让学生积极投入课堂中去；第三，教师还应该善于应用全新的教学策略，如开展小组合作学习或者进行在线互动等，这不仅能够提高学生的学习成效，还能在一定程度上满足学生的需求。

第二节 汉语言文学教育的创新研究

汉语言文学教育具有较强的实用性，但目前仍存在教育课程理念陈旧、课程安排结构混乱、教师专业技能不过硬、教学知识实用性不强等问题。切实分析汉语言文学教育发展中的问题，不断进行探索，并把汉语言文学教育的创新研究放在教育工作的重要位置上，对汉语言文学教育有重要意义。

一、更新教学思想

在汉语言文学教育创新体系构建的实际过程中，更新教学思想是最基本的要求。在传统应试教育的教学思想影响下，汉语言文学教育都是围绕如何提高学生的应试能力、保证学生考试成绩提升来展开的。一味地遵照考试题目来进行知识的学习，这样不仅限制了学生知识面的拓展，同时也在无形之中使得学生形成了固定的考试思维模式，限制了学生创新思维的形成与发展。因此，要构建汉语言文学教育创新体系，首先要做的事情就是采取适当的措施来更新教学思想。学校应增强师资队伍建设，为专业教育注入新的血液，带来更多创新的想法。

二、优化课程设置

在课程设置方面，汉语言文学教育的课程设置主要是偏向学生语言能力的培养与提升，而没有重视学生师范能力的发展，同时也忽略了学生创新思维、创新能力的培养与发展。在这样的情况下，学校就应当采取适当的措施来优化课程设置，确保专业教育课程设置的科学性、合理性，提高课堂教学质量，保证学生综合素质的提升。专业课程的设置应当重视学生创新能力的培养，因此，学校应当适当地增设一些具有创新性的教学课程，将一些创新的观点以及创新的语言表达方式融入实际课堂教学。

三、提高实践能力

汉语言文学专业的教育体系构建应当重视学生实践能力的提高，只有在保证学生实践能力提高的前提下，学生在遇到问题时才能够快速地应用自身所学的专业知识来解决问题，这充分表明了提高学生的实践能力在汉语言文学教育过程中的重要性。学校应当与更多的企业机构合作，为学生争取更多的实践机会，为学生提供更好的实践平台，让学生能够充分进行实践，在实践的过程中提高学生对专业知识的理解与运用，同时有效发散自身的创新思想。汉语言文学教育创新是保证当前汉语言文学教育专业发展的首要前提。因此，学校应当采取适当的措施更新教学思想，优化课程设置，提高学生的实践能力，通过一系列的措施来实现课程教学的创新，培养发展学生的创新思维和创新能力，保证学生能力的综合发展。

第三节　语文教育与汉语言文学教育

在人生的各个教育阶段中，语文的学习是一门非常重要的基础性课程，它是培育学生文学素养的关键环节，也是提高学生写作能力与阅读能力的基础环节。在大学阶段，汉语言文学也是大学文科教学的重要教学内容之一，也是语文教学的一部分。随着教育制度的改革，语文教育与汉语言文学教育，不仅是提高整体教育水平的基础，也是文化发展的基础。

语言是一种自然形态下的交流形式，也是人类表达思维的主要方式，生活中交际所应用的语言被称为口语，它有声音的特质。而中国语言文学产生后，文字成为一种书面语。因此，语言也是口语与书面语的总称，它是人类重要的交流媒介。在语文教育中，它是通过语言来展开的教学形式，也是一种语言类文学，包括写作、阅读等方面的内容，将语文教学与汉语言文学共同应用在提高学生文学素养中，以此来提高它们的应用价值。

一、语文教育的重要性

语言是一种交际工具，具有信息传递的能力。在人们交流的过程中，可以利用语言将自己心中所想表达出来，它也代表着人们思维的反应能力。因此，在语文教学过程中，学生可以通过提高自身的口语交流能力及表达能力，在良好表达的过程中，提高自己的思维反应能力。从一定程度上来说，语文也是提升学生智力的重要工具。在语文课堂教学中，不仅要求学生掌握语言、利用语言，还要提高学生的综合素质，为学生奠定好国民教育与文明教育的基础，将母语的延续作为根本，提高汉语在国际语种中的地位。因此，语文教育是终身教育，贯穿我们日常学习和生活的方方面面。

二、语文教育与汉语言文学教育的关系

语文教育作为学生学习汉语言文学的基础，不但可以培养学生的写作能力、阅读能力，还可以提高学生的文学素养。现今，汉语言文学教育是大学教育开设的一门重要课程，为我国语文教育的拓展奠定了坚实的基础。在汉语言文学教育中，它不仅是在深入研究语文教育，还在为语文教育的发展提供优质的教师资源。语文教育是学习汉语言文学的基础与关键环节，语文教育与汉语言文学相互促进、共同发展。

三、汉语言文学教育的特色

汉语言文学承载着深厚的文化精神与文化发展过程，是历史发展的见证者，也是承载者，它体现着人类社会生存与发展的意义。作为传统文化的传承者，从专业教育的角度来看，汉语言文学教育更加注重培养学生的人文素养，将教育的本质及实用性充分地发挥出来，成为教育专业的实践目标及追求，更加突显人文观念及精神文明；汉语言文学教育，不注重直接创造出的经济效益，而是注重社会效益，它永远将社会利益放在首位，更加突显出它的社会价值与文化素养。随着我国教育的不断创新与发展，汉语言文学教育不仅弘扬优秀传统文化，也积极地与社会需求接轨，积极地创新与改革。

四、语文教育与汉语言文学教育的应用与发展策略

（一）提高综合实践能力

任何阶段的教育都是以为社会提供人才为最终目的。因此，不论是语文教育还是汉语言文学教育，都以提高学生的综合素质能力为主，以适应社会发展的根本需求。两者虽有本质区别，但也有共同之处。总体而言，汉语言文学教育是属于语文教育，它们是有相通之处的，如教学理念、教学内容、教学理论等。这些相通之处能够丰富学生的视野，让学生展现积极的精神面貌。此外，在实践中将语文教育与汉语言教育的

共同点发挥出来，有利于挖掘学生的实践能力。语文教育与汉语言文学教育在培养学生实践能力这一方面是非常一致的，并体现在学生对文学作品的爱好与探索中。因此，高校应加强语文教学与汉语言文学教学的课堂实践性，建立语文教育与汉语言文学教育的共同目标，以此来不断创新实践能力的结合与发展模式，实现语文教育与汉语言教育的衔接目的，同时提高专业学生的应用能力。

（二）结合多媒体技术，提高语文教育与汉语言文学教育的应用与发展

随着科学技术的进步与发展，多媒体教学已被广泛地应用在教育过程中。多媒体教学形式及活动也随之开展起来，将多媒体教学形式与汉语言文学教育相结合，对教育事业的发展具有重要意义。因此，语文教育可以利用多媒体技术，在汉语言文学教育中提取更多的教育素材与内容，实现新形势下的教育目标。在现代化的教育中，教学应重视培养学生的创造性思维；教师也应从自身入手，与时俱进，树立先进的教育观念，掌握现代教育手段，创新教学形式，培养和提高学生的逻辑思维，通过多媒体传播方式，为学生寻找更加新颖的素材。在教学中，重视对学生人文关怀的教育，充分体现人文气息与人性光辉，不断提高学生的人文素质及人文品格，陶冶学生的情操，丰富学生情感世界，提高学生的综合素质。

语文教育与汉语言文学教育的最终目标都是培养人才，提高学生的综合素质与实践能力，使其能更好地适应社会发展的需求。因此，从教育理念、教学方式、教学内容上入手，共同提高学生的自主学习能力，应用现代化技术，挖掘学生的思维能力。强化两者之间的联系，共同提高学生的文化素养。

第四节　汉语言文学教育与人文素质教育

在语言文学教育中，汉语言文学是一门非常重要的学科，它对培养学习者素质和形成正确的价值观念起到了不可取代的作用。因此，注重

汉语言文学教育，对促进我国社会进步和发展具有重要意义。基于此，我们应积极探究汉语言文学中人文素质教育的重要性，并提出有效融合人文素质教育和汉语言文学对策，以培养出更多集专业技能和高素养于一身的优秀人才。

汉语言文学教育有助于加强学习者的内涵和素质，有助于树立正确的价值观，提高综合素质。但结合实际情况来看，在通过汉语言文学教学培养学习者人文素养的过程中还存在很多问题，如何妥善解决这些问题，是我国广大教育者需要探讨和研究的课题。

一、汉语言文学教育中实施人文素质教育的必要性

（一）有助于提高人文素养

开设汉语言文学课程既有利于提高学习者系统学习汉语言知识的能力，也有助于培养学习者的人文素养。各大高校招生规模日益扩大，学生所面临的就业压力也越来越大。用人企业不但要求应聘者具有一定的理论知识技能，还要求其具有一定的综合能力，特别是操作能力和解决问题的能力。学习者想要在竞争激烈的人才市场上立足，必须具有较强的人文素养，这样才能在众多应聘者中脱颖而出。在汉语言文学教学过程中，教学者要有目的、有意识地培养学生的分析能力和解决问题能力，并锻炼他们的写作能力。

（二）有助于培养人文情怀

高尚的人文情怀和一定的审美能力，是一个人优质生活的重要体现。同时，高尚的人文情怀有助于提高人们对生活和工作的热情，激励人们怀有一颗积极向上的心来工作和生活。高尚的人文情怀可以通过阅读优秀的文学作品来培养。

二、汉语言文学教育与人文素质教育相结合的对策

强化学生人文素质教育，有利于学生全面健康发展，有效解决当前部分学生存在的心理问题，为学生重拾学习信心、确立奋斗目标奠定了

坚实基础。在汉语文学教育过程中，汉语言文学是一门重要的学科，可以帮助学生更好地继承传统文化，并积极践行社会主义核心价值观，在了解和学习我国传统文化下，丰富自身知识体系，树立正确的价值取向。

（一）营造良好的人文环境

汉语言文学教育既需要在课堂中进行，也要在课堂外积极开展。教学者应大力支持和鼓励学习者自发成立汉语言文学组织、诗歌社团等，使其在参与活动中探讨和运用汉语言文学知识。教师可以组织一些文学创作比赛和朗诵诗歌的活动，让学生在参与过程中感受汉语言文学的独特魅力。在教学中，教师还要注重培养学生的汉语言文学素质，强化学生的综合水平，更好地引导学生实现自我价值。

（二）注重教师教学培训

教师的教学能力关系到学生的学习热情。例如，中央电视台的《百家讲坛》节目受到了广大观众的喜爱，除了观众对历史与人文知识感兴趣，也与教授们精彩的讲授有很大关系。对汉语言文学教育来说，要提高学生的学习热情，就需要选择一批具有高素质、高水平的教师来校任教。教师自身必须具有较强的文学素养，对汉语言文学有深层次的了解，才能很好地掌握语言文字，并在课堂上吸引学生的注意力。想要做到这些，教师就必须经常学习，不断丰富自身的知识体系，定期或者不定期参加教学培训。同时，学校还要经常聘请一些汉语言文学专家到学校进行演讲，提高教师的教学水平。

（三）选择优秀教师任教

课程教学质量的高低与教师教学水平高低有着很大的关系。不同教师讲授同一篇文章，其效果是不同的。选择优秀的、专业素养强的教师可以提高学生的学习热情，强化课堂教学效果，提高课堂教学效率。优秀的教师所带出的学生多半也是优秀的，因此，想要提高学生的人文素养和综合能力，选择优秀的教师任教是十分必要的。在这样的情况下，高校应在招教标准上严格要求和把关，确保可以招进来更加优秀的汉语言文学教师，进而为提高学生的人文素养奠定基础。

（四）结合实际情况选择具体的教学内容

大多数高校都将汉语言文学这门课程设置成选修课，要想激发学生的学习兴趣，首先就要从教学内容入手。对此，教师需要做好教学内容上的取舍。如在教学中，对于枯燥乏味的文章可适当剔除，多拓展一些学生感兴趣的文学内容，引导学生积极参与讨论，激发学生的学习欲望。

（五）积极开展各项教学实践活动

当前，部分学生人格上的缺陷十分影响他们的日常生活与学习，对学生的健康发展是非常不利的。因此，在具体教学中，教学者应多组织一些教学活动，有目的地培养学生健全的人格。在汉语言文学教学过程中，教师可经常组织诗歌比赛、朗诵比赛等活动，让学生积极参与这些活动，树立正确的人生观、世界观和价值观，让学生保持健康的心理状态。

学生学习汉语言文学既能丰富学生知识体系，也可以帮助学生树立正确的价值取向，提高他们的人文素养。因此，在实际教学中必须注重汉语言文学教育，加强教师队伍的建设，为我国源源不断地培养高素质人才。

第五节　汉语言文学专业的教育特点及应用性

随着我国经济的发展与科学的进步，社会对人才的要求也越来越高，汉语言文学专业也同样面临着很大的压力。在这样的形势之下，许多汉语言文学领域的专业人士对其专业的应用性提出了更高的要求。现代社会对高素质的人才提出了新的要求，决定了汉语言文学应该尽快增强其自身的应用性，以适应社会发展的需要。汉语言文学专业教育的基本特点是将其发展现状与社会对人才的实际需求相结合。

汉语言文学专业是一门在教学内容上相对固定的专业，面对教育体制的转型与改革，汉语言文学专业应当挖掘出更加可行的办法来适应现状，更好地满足社会发展的需求，使更多的汉语言文学专业的学生能够

走上工作岗位，为社会发展贡献自己的一份力量。汉语言文学有着非常悠久的教学历史，是一门培养专业性汉语言人才的学科。随着社会的不断发展，由于汉语言文学学科的特点和自身特有的性质，致使汉语言文学专业的人才在社会上的需求逐渐降低，汉语言专业毕业的学生就业率逐年递减，就业压力倍增。因此，提高汉语言文学专业的应用性已成为目前汉语言文学专业教育者普遍关注的问题。

一、汉语言文学专业的特殊性

随着社会经济的日益发展，社会对专业型人才的需求量越来越大。社会的各行各业都希望自己能在较短的时间内得到更多的经济利益，所以技术类专业的人才非常抢手，如建筑业、机械业、化工业、医学专业等。理工类学科具有较强的理论性知识，可以用数据来证明结果，而汉语言文学专业短时间内在社会上很难发挥出自身价值，仅仅作为一种隐性价值而存在。因此，汉语言文学专业只能成为没有固定职业的特殊专业。但是，汉语言文学作为一种学科存在于各类学科之中并不是没有价值的，这就要看从怎样的角度去探索汉语言文学专业的内涵。由于汉语言文学专业具有相对的隐性价值的特点，所以不能把此专业和其他理工类专业进行比较。目前，对汉语言文学专业的应用性应该用理性的思维去考虑，不能把汉语言文学专业与理工类专业相提并论。

二、汉语言文学专业的特点

在人文社科方面，汉语言文学是一门非常具有影响力的学科。汉语言文学作为最直观的传输媒介，在整个人文教育过程当中起着增强全民族文化素质的决定性作用，包括人类生存的含义和人类价值的关怀，以及对社会责任感的体现，主要体现在对祖国、对民族、对团体、对个人及其余人员的认知上。汉语言文学专业跟别的专业有所区别，它没有一个确定的职业方向及定位，汉语言文学专业主要是主张关注学习人员的人文素质教育。

三、提高汉语言文学专业应用的重要性

想适应快速发展的社会的需要，就必须加强和提升汉语言文学专业的实际应用能力。在企业和各个行业的人事选拔当中，汉语言文学专业的学生所表现出来的较好的语言叙述能力能够更好地在人事选拔当中体现，并主要表现在人的基本素质当中。只有顺应了社会的这一需求，在学习中培养和提升人的综合能力，才能更快地适应这个社会的进步和发展。

素质教育的进一步发展要求提升汉语言文学专业的实际应用能力，教育出高质量的专业人才，全方位地提高专业人员的综合能力，提升汉语言文学在现实社会中的适用性是素质教育的最高目标。因此，想要达到目标就需要将理论与实践相结合，这样才能更好地把专业人员与实际应用相结合，为步入社会从业大潮创造基础。汉语言文学专业学生的工作方向主要是教师、文案秘书、新闻采编人员等工作，但事实上，汉语言文学专业的毕业生也在一些国有企业、事业单位以及其他公共学科单位工作，也有一些从事经济金融、建筑地产等方面的工作，这些充分表明汉语言文学专业具有较强的职业适应性。因此，提高汉语言文学专业人员的应用性知识，才是汉语言文学专业教师们应该关注的重点。

四、汉语言文学的应用性

汉语言文学是培养学生专业性文学能力的学科。为了使汉语言文学专业的人才能够达到学有所用，体现出自身的价值，很多高校都开设了与汉语言文学有关的课程，如文秘学、国际汉语、新闻传播学等，这样的举措给汉语言文学专业学生未来求职奠定了基础。然而，据有关调查显示，我国汉语言文学专业在所有专业就业率中所占的比例也是较低的，这也说明了此专业就业形势的紧张，高校对于教学体制的改革已迫在眉睫。

（一）从就业方面提高汉语言文学专业的应用性

据有关数据统计，汉语言文学专业就业率远远低于同为文学类学科

的专业，如文秘、新闻、广告、公共管理等。面对当前处于劣势的就业局面，高校汉语言文学专业的有关人员不得不从就业的角度提高汉语言文学专业的应用性，把教学的内容同就业实际情况相结合，开展一些职业相关的教育培训活动，让学生步入社会，从实践活动中得到锻炼，更好把握就业机会，提高自己的就业竞争力。

（二）从学生深造的方面提高汉语言文学专业的应用性

社会在对人才需求加大的同时，更注重的是人才的质量，即人才是否掌握全面、稳固的专业知识。因此，汉语言文学专业的学生不但要掌握好自己所学的专业知识，同时，还应该把继续深造作为自己将来就业的有力保障。只有学习和掌握更多、更深、更全面的专业性知识，不断地提高整体素质，才能在就业紧张的浪潮中把自己所学的知识发挥出来，给自己乃至社会带来财富。

在汉语言文学教学中，必须科学地了解这个专业的特殊性，从这个角度出发，把科学、先进的教育资源与合理、可行的有效措施相结合，达到更加优越的应用性效果，更好地为己所用。

第三章

汉语言文学的课程教学探析

第一节　中国古代文学课程教学

一、中国古代文学课程教学方法新探

（一）比较式教学

比较式教学法在古代文学教学中被广泛应用，通过对比和参照，以辨析同中异与异中同，对不同作家的作品或文学现象的性质与特征进行更加全面的认识和更具理性的把握。如果使用得当、调度自如，不仅有利于学生对内容的熟练把握，也有利于增强学生分析作品的能力，让学生养成良好的学习习惯。根据实践，比较式教学法在古代文学教学中大体可分为中西方作家比较、古今作家比较两类，也可对课堂讲解中涉及的不同维度如社会环境、作家、作品、文体、文学现象、思想特征、艺术手法、审美特征等灵活自如地进行比较。这里选取几个典型方面管中窥豹。

一是作家作品之间的比较。这是古代文学教学中最常见的比较方式之一，既可选择时代相近但创作内容不同的作家进行比较，如老子和庄子的散文言说方式有哪些异同，司马相如和扬雄赋作有哪些差异，甚至李杜在人生经历、性格气质、诗歌风格方面有哪些差异；又可选择时代不同但具有相似性的作家进行比较，如建安七子和初唐四杰诗风有何不同，大李杜和小李杜有何差异，等等。比较法的优势在于能促使学生更

深入地把握作家作品。

二是同类体裁（或题材）作品之间的比较。选择同类型或同一体裁的作品进行对比在古代文学教学中也很常见，如就同样描写历史人物和事件的《史记》和《汉书》进行比较；就同样写作山水诗的谢眺和谢灵运进行比较；或者选择山水诗和田园诗进行比较。以体裁和题材为标准进行比较可以横跨时代，如将南北朝的谢灵运为代表的山水诗和唐朝的以王维、孟浩然为代表的山水诗进行比较，通过艺术上的进步，看出文学史的演进与变化；或选择唐传奇和宋话本进行比较，或对表达相似情意（如思乡、恋家、批判、嘲讽等）的诗、词、曲等不同体裁进行比较。应该说，这种比较是极其自由和灵活的，需要教师多运用发散思维，并且要有通史的眼光，在教学到某一知识点时能迅速联系，以寻求比较点。

三是通过古今不同语境和社会环境的对比，寻求借鉴意义和启迪价值。如在讲解陶渊明时，就其田园诗创作的时代背景与当前工业化社会注重环保和倡导绿色生命进行比较参照；讲到《红楼梦》时，可联系五四新文学进行比较；讲到汉赋时，将赋体产生的汉代社会与注重大片效应和视觉冲击的中国当前社会进行对比；讲到明初世情小说时，与五四时代社会进行比较……这类比较是基于大学生对所处的时代极为熟悉的情况下，可使其认同所讲内容。

四是跨国界和民族进行的多元文学比较，即将中国本土的作家、作品、题材、体裁、文学现象与外国文学进行比较。如讲到《诗经》时，将其与英国诗人莎士比亚的十四行诗进行比较；讲到陶渊明诗歌时，将其与英国华兹华斯的诗歌进行比较；讲到中国四大名著时，将其与西方17—19世纪的长篇小说进行比较；等等。这种比较法有利于扩大学生视野，在一个更加宏阔的世纪文学的局面和版图中认识中国文学自身的民族特征和时代成就。

这四类比较在此课程比较法运用中最具代表性，其灵活运用需要教师在平时教学中不断增强比较意识，注意：其一，需要教师根据教学进度和内容安排设置比较话题，有的可以在课堂上引导分析，如讲到辛弃疾时，将其与苏轼进行对比；有的则可布置成作业，如魏晋南北朝山水田园诗和唐朝山水诗的比较、苏辛文风比较等，让学生课后查阅资料、独立思考后进行汇报，教师点评。总之，方式不拘一格，根据课时安排和训练目的而定。其二，跨时空的不同语境和社会环境比较，不妨多进行，这对促使学生进行古为今用的借鉴训练极有帮助。其三，跨民族和国度的文学比较需要据课时而定，适当展开或布置作业，不宜在课堂过多展开。其四，教师在执教 2～3 轮过程中，可不断运用发散思维寻找比较点，逐渐完善比较选题，这有利于在教学过程中长期坚持和贯彻教学法。

（二）研讨式教学

研讨式教学是高校外语系普遍采用的一种教学方法，在实践中，也被用于汉语言文学教学，近年来备受教师的青睐和学生的好评。研讨式教学形成和推广基于两大原因：一是传统由教师单向讲授、学生被动接受知识的“填鸭式”教学越发受到批判。这种“满堂灌”的教学模式不仅让教师讲得口干舌燥，吃力不讨好，学生也听得极其枯燥和乏味。这样既不利于教师教学水平的提高，也不利于学生各种能力的均衡发展和全面锻炼。此时，研讨式教学便应运而生，成为教学的“援兵”，并在使用中得到不断完善和推广，深得师生喜爱。二是研讨式教学法基于建构主义理论被广泛使用，而此理论高度重视学习者既有的知识储备和各种经验，尤其强调接受者的主观性和情景性，认为教师不单是知识的呈现者、知识权威的象征，教师更应该重视学生自己对各种现象的理解，倾听他们时下的看法，思考他们这些想法的由来，并以此为据，引导学生丰富或调整自己的解释。教学应在教师指导下以学习者为中心。① 可见，研讨式教学是建立在充分相信学生既有学习经验并竭力调动其兴

---

① 王早娟. 古代文学课堂教学模式改革探索 [J]. 民办教育研究，2010 (7)：90－92，85.

趣、激发其潜能的基础之上的，它有利于形成以教师为主导、以学生为主体的现代教学模式。

研讨式教学的运用目前主要有两条路径。

1. 课堂自由讨论

课堂自由讨论相对简单灵活，即任课教师在讲到某个具体知识点时，及时抛出话题，由学生各抒己见，畅所欲言。每位学生都可以充分发挥其积极性，根据个人见识和经验，从多个侧面和角度谈谈自己的看法和见解。如讲到班固时，选择话题“有人认为《汉书》和《史记》相比，黯然逊色，通过本课所学你怎么看”展开讨论；讲到《三国演义》时，选择话题“曹操形象在当前褒贬不一，你如何看”，由此引发学生对历史上真实的曹操以及文学作品中“曹操”人物形象的刻画艺术的分野和辨析。这种开放式话题必然引发学生形成两派，观点在针锋相对中迸出火花，教师在认真倾听后适当点拨和引导，或做出精辟点评与总结，远比孤立地站在讲台上灌输学界认知更有成效。学生对一个知识点的掌握、情感受到的熏陶及其价值观的形成，完全可以在讨论、争鸣和商榷中体现。这种课堂自由讨论需要注意如下三点。

首先，选择的话题最好具有争议性或开放性，如在文学史发展和当前学界探讨中有不同声音与看法的话题，比较容易激发学生的探讨欲。如王双梅指出：“对问题的设置，一是要有吸引力，二是要有张力，三是要在学生借助资料能解决的实际范围内。同时，教师在平时授课或者在点评和总结时，适当地介绍学科信息、学科前沿动态及研究界的热点、难点、疑点，充分调动学生的科研兴趣，通晓科研特性，从科研中体味古代文学的魅力，激发学生自主学习、合作学习的兴趣和能力。尤其是介绍教师自己或学院教师的科研方法或成果，让学生感到古代文学研究近在眼前，并非遥不可及。当然，这更为课程论文和毕业论文的高质量打下了良好的基础。”①

---

① 王双梅．运用多元化的教学方法改进古代文学课程教学［J］．内蒙古民族大学学报，2011（4）：182－183.

其次，教师在抛出话题后，要给学生足够的思考时间并学会适当收尾，扮演主持人角色，忌讳任由学生散谈或过早抛出己见。最后，要求任课教师在备课时做足功课，多查阅资料，以开阔的视野获得翔实的第一手资料。

2．查阅资料准备式研讨

查阅资料准备式研讨是一种将课下准备和课堂发言相结合的探讨方式，流程和步骤大体为：第一，任课教师全面了解所授班级学生特点，将学生分组，调动每位学生的积极性。第二，课前精心设置话题，给学生留出充足的时间查阅大量资料，通过独立思考来积极准备，同时对查阅资料的范围、途径，准备的相关要求与发言讨论的注意事项等提前交代。第三，学生课后围绕问题研读作品，搜集和查阅相关资料，形成个人读书笔记和发言提纲，并初步在小组内讨论，形成代表性意见。第四，课堂上由各小组登台阐述观点，其余同学补充或争鸣，相对自由地发表意见，必要时也可以小组为单位进行竞赛和现场表演，以活跃课堂气氛。第五，主讲教师予以总结和点评，这是讨论的升华和收官环节。

对教师而言，要注意：一是在安排和指导学生查阅资料（尤其是涉猎较广泛、种类众多）和独立思考、提炼看法、荟萃观点时，主讲教师必须适时地进行方法论指导，以提高学生的准备效率，带领学生了解科研的途径、流程和步骤，即学生的课后准备要在教师的指导下进行。二是在课堂探讨后，主讲教师必须及时引导学生进行课后巩固，如进一步完善和整理相关笔记；在网络上就未尽话题进一步搜查；将探讨中生发出的话题写成短文积极在网络上发表，学会交流和传播自己的思想观点；一个阶段后，收集学生材料和成果，以备日后之需。三是将学生准备的认真程度、课堂发言的积极性等纳入平时成绩考查范围。

对于研讨式教学的价值和意义，学界总结认为：“讨论模式在课堂教学中的运用有力地发挥了学生自主学习、接受知识的能动性作用，使其真正成为课堂中的主角，以学生的亲力亲为促进其对知识的掌握和认识，强化其对知识的理解和运用。同时，在讨论过程中，学生对观点的

表述无疑是对其在公众面前讲话能力的有效训练。讨论模式在课堂教学中的运用形成了活跃的课堂气氛，加深了学生对内容的掌握。”[①]“这种教学模式可以让学生通过自我学习、自我教育、自我提高来获取知识和强化能力。通过学生之间的交流讨论，师生之间的交流讨论甚至辩论、得出结论的模式，由教师一人讲，过渡到大家参与、大家都讲的形式中，也真正体现了教师的引导、指导作用，学生的主体能动作用。培养了学生主动思考和独立学习的能力、细致的观察能力、理论的驾驭分析能力、对古代文学学科的兴趣热情、敢于质疑的精神，拓宽阅读古代文学作品和分析文学现象的思路和角度。”[②]可见，研讨式教学“一石三鸟”，能从根本上变革传统的“填鸭式”教学，其实施与推行皆以学生的全面发展为根本和旨归。

（三）启发式教学

有学者提出，教学从某种程度上来说就是“设问”的艺术。学生思维的激发、课堂气氛的活跃以及教学活动的组织和实施，都离不开有效问题的巧妙设置。精心设问并根据课堂反馈灵活提问，是提高当前高校课堂效率的关键与基础。在学界都推崇和呼吁采用启发式教学的当下，问题恰恰成为此种教学法推行的动力和切入点。因此，以高质量的问题来启发学生展开积极思索，是古代文学乃至一切其他课程教学的突破口。

孔子曰：“不愤不启，不悱不发。”即强调启发和引导对开启接受者思维、激发其学习积极性的重要性。启发式教学能最大限度地活跃学生大脑，激发学生的专业探究欲，突出学生的主体性地位，引导学生主动学习，培养自我解决问题的能力。它“让老师提出问题，以疑导读；学生带着问题自学教材，理解、讨论老师所提出的问题；老师鼓励学生发

---

① 王早娟．古代文学课堂教学模式改革探索［J］．民办教育研究，2010（7）：90—92，85．

② 王双梅．运用多元化的教学方法改进古代文学课程教学［J］．内蒙古民族大学学报，2011（4）：182—183．

表不同见解，并根据讨论的情况进行有针对性的讲解，准确地引导学生解决问题”。[①] 可见，启发式教学离不开对巧妙问题的精心设置。

对于问题主导下的启发式教学法，国内部分教师也很重视，运用得也很好。如重庆工商大学徐建芳老师在讲解名篇《苏秦始将连横》时，设计了如下四个问题：

(1) 苏秦前后的外交策略有什么变化？他追求的终极目标是什么？从哪些言论中可以看出来？

(2) 苏秦的形象前后有何变化？其家人对他的态度有无变化？从中可见战国时代的社会风俗是怎样的？

(3) 本文主要采用什么手法刻画人物形象？

(4) 语言句式上的最大特点是什么？

解决了这些问题，就能促使学生理解战国策士们突破传统的人生追求、雄辩的词锋及《战国策》的写作特色。又如她在讲《齐桓晋文之事章》时，提出了如下八个问题：

(1) 孟子开篇所提出的政治主张是什么？他认为齐宣王会有兴趣听他讲下去吗？

(2) 孟子认为齐宣王可以“保民而王”的依据是什么？

(3) 有了“不忍之心”怎么就可以“保民而王”呢？

(4) 齐宣王内心里希望采取什么样的政治策略统一天下？孟子是如何破除他这一观念的？

(5) 孟子采用什么方法引起了齐宣王对“王道”的兴趣？

(6) 孟子“仁政”的具体措施是什么？

(7) 孟子的“仁政”在现实中有无可行性？

(8) 孟子在游说齐宣王的过程中主要采用了哪些论辩技巧？[②]

其问题设计的细密、角度和关联性值得借鉴。任课教师只要开动脑

---

① 王双梅．运用多元化的教学方法改进古代文学课程教学［J］．内蒙古民族大学学报，2011（4）：182—183．

② 徐建芳．关于古代文学教学的思考［J］．邢台学院学报，2011（2）：25．

筋，在备课时多投入一些就可以形成问题链。

由上可见，启发式教学的关键在于对内容的熟练掌握及相关问题的设计。设问必须紧密关联，呈现出梯级性，使学生由易到难、由浅入深地思索，逐渐“柳暗花明”。但作为大学教学，其课堂问题不必过于密集，可根据具体讲授内容设置，一般以 2～5 个为宜。

对于启发式教学的优点，有学者认为它“改变了教师，以讲为主、以讲居先的格局，调动了学生学习的主动性，让学生横向交流，注重了对学生自学能力和积极探索精神的培养和锻炼，提高了学生运用知识的能力和水平，从而达到教学的最优化。这种教学方法不仅可以促进学生共同提高，也容易让教师有意外的收获”。① 这的确道出了课堂教学的精髓与真谛。

（四）表演式教学

由教师口干舌燥主讲、学生被动接受的传统教学模式，在高校积极进行各种教改的当下备受诟病，其重要原因在于这种教学模式以教师为主导，而忽视了学生的独立思考能力，甚至剥夺了学生进行能力训练的机会。而表演式教学法可有效避免这种缺陷，弥补其不足。表演式教学在教学实践中的运用大体可分为如下三类。

1. 诵读法

在古代诗、乐、舞渗透融合的文化土壤中产生的古代文学，很多作品可入乐传唱，或具有很强的韵律美，需要通过朗诵呈现其悦耳动听的艺术魅力。朗诵、诵读是古代文学教学中很有必要、值得提倡的教学方法之一，也完全符合该学科特点。诵读法主要包含教师诵读、学生诵读、专家诵读三种基本方式。教师诵读要起到示范和引领作用，需要在熟练把握作品思想内容和感情基调的基础上，富有感染力地传达出作品的神韵，引发学生的共鸣。这对教师的普通话水平、朗诵技巧提出了较

① 姚红，崔霞．中国古代文学课程教学方法探讨［J］．浙江师范大学学报（社会科学版），2011（1）：104－107.

高要求，有条件的教师可发挥优势，没把握的教师则可搜集名家朗诵的视频资料在课堂上播放，也能起到很好的效果。学生要在背诵或诵读的过程中融入自己的情感体验和生命意识，对于作品的主旨内蕴的理解和审美感知力自然会得到培养。

对有兴趣和特长的学生，教师可以让他们采取吟唱的方式，把课堂带入作品的情境中去，在吟诵中体味，在抒情中浸染，让学生感受作品独特的艺术魅力。学生诵读又可根据情况分为个体诵读、分角色诵读、集体齐读等方式，目的在于促进学生对作品的深切理解和独到领悟。无论哪种方式，都要求学生在认真领会作品思想感情的基础上吟唱朗诵，使学生在参与中得到锻炼，通过体味作品的丰富内涵，加深对作品的把握，在体验中获得共鸣，从而受到艺术的熏染与陶冶。

2. 角色扮演、戏剧表演法

中国古代文学大体可分为抒情类和叙事类，前者适合于朗诵和吟唱法展开，后者则适合于现场表演，尤其是明清以后的戏剧、戏曲文学。对于部分故事性和戏剧性较强的代表作，可让学生进行组合性表演。此法可“让学生带着自己的想象、情感和创意投入具体作品的不同情境当中。由于有学生的直接参与，加上这种表演具有较强的观赏性，某种程度上也暗含了一定的竞争性，因而能大大激发学生的创新意识，学生对此关注度也较高，上课时注意力也就特别集中”。[①] 如在讲解王实甫《西厢记》时，分别让四名同学扮演剧中的四个主要人物——张生、莺莺、红娘、老夫人，让学生在简单装扮后现场演唱，这极大地推动了学生对作品的熟练把握和对人物角色的深切体察。此外，甚至可把部分具有表演性的戏曲作品交给指定小组，让其改编成剧本进行演出。总之，从目前来看，这种教学法将使学生的表演天赋和组织能力得到锻炼与展现，远远超出了最初的备课预期。从教学实践来看，此法受到一致欢迎，学生表现欲很强，学习积极性很高，普遍能对角色扮演法进行较到

① 姚红，崔霞．中国古代文学课程教学方法探讨 [J]．浙江师范大学学报（社会科学版），2011 (1)：104－107.

位和深刻的理解，甚至进行创造性的转换。

3. 演讲辩论法

演讲辩论教学方法是对当前大学校园里学生活动的借用和转移。演讲和辩论在高校里极其普遍，被认为是最能锻炼学生思维能力、表达能力、协调能力的综合活动之一。根据其特点，在古代文学教学中，可选择那些观念凝练、看法集中且有利于充分展开和对学生能形成多种情感教育的篇章来组织讲演。例如，在学到《左传》《史记》，或者曹丕、曹植的作品时，都涉及古人对“立言”的不懈追求，可让学生就“立言不朽”组织一次讲演。如此一来，必将极大地调动学生的积极性，锻炼其查阅资料、分析问题、提炼观点、登台讲演等各种能力，对其人格和价值观也是一次有力塑造。诸如“早期神话传说中的民族精神”“诸子作品的言说方式”“汉魏唐宋山水田园诗的现代价值”“乐府中的人性与人情之美”等，均可作为演讲话题。辩论课的选题必须是学界有争议的命题，难易要适当。教师课前要认真备课，尽可能多地掌握对立双方的材料，并形成自己鲜明的倾向性。例如，在学完《离骚》后，就文学史上对屈原其人、其作的评析，让学生分成支持赞同和否定斥责两组展开辩论，然后由部分持中立观点的学生分别组成评委和观众，教师或充当辩论赛主持人，或作为评委之一，充分听取学生的不同意见，最后对整场辩论赛做出评议总结。学生在课前需要认真查阅大量资料，并参与课堂，成为学习的主角，唇枪舌剑地展开论析，锻炼和提高其思维力、表达力。

（五）再创造式教学

引领学生进行再创造，是调动学生学习积极性的教学方法。它要求学生在对内容做出完整理解和透彻把握后，以内容改编、体式更换和拓展性写诗填词等方式进行迁移性训练，从而激发其理解力和表达力，展现独特的创造力。此教学法通常包括两种方式。

第一，揣摩、模仿教学内容，学生进行作诗、填词、写文等练笔活动。为熟悉每一种文体的规范要求，并从中更深切地领会作家的创作成就和风格特征，教师不妨带领学生实地下水“游泳”，随堂设计场景，布置相关作业，班级交流后教师作点评，打平时成绩分。也可充分利用网络进行写作感受和心得的交流，或者彼此评析和改进。一个学期结束后，由主讲教师将班上所有仿作收集起来予以汇编，成为集体成果。这种仿写被有的学者称为“文学化表达”，“在积累、解读的基础上，教师会进一步要求学生联系自己的生活仿写古代诗歌。其目的，一是将静态的知识储存转化为动态应用，从而培养其文学化表达能力；二是发挥文学创作抒忧娱悲的宣泄功能，使诗歌创作起到释放压力和调节、平衡或转移不良情绪的作用”。[①] 我们认为，任课教师在这方面应以身作则，可在课堂上与学生分享自己的古典仿作，一方面拉近与学生的距离，让其不再对传统文学心存畏惧；另一方面起到模范表率作用，必将极大地推动学生掀起写作古典诗文的热潮，在长期坚持中夯实其专业功底。

第二，适当采用不同文体来改编作品。这既要求学生对作品内容相当熟悉，也要求学生对两种体式的特征与要求极其娴熟和敏感。如以散文体来改写《孔雀东南飞》，以诗体来改写《陈情表》。此外，也有学者根据专业的不同，采取相应的再创作方法，如“引导学生用新的媒介来解读古代文学，如可以启发动画专业的学生以中国古代的神话人物故事为素材进行创作，在给影视编导专业学生授课时，则可引导学生将更多卓越的文学家的生平进行改编，从而创作出新的剧本”[②]，都不失为很好的教学尝试。这种再创作旨在寻找古代文学与现代媒介的近似处与吻合点，通过带领学生系统学习古代文学，激活传统资源，真正实现此门课程的“古为今用”。无论是仿写还是改编，都需要学生熟悉作品内容，更离不开主讲教师的带头与督促。

在大众文化盛行、社会进入信息化和图像化的当代，古代文学作为

---

① 李英然．高校中国古代文学教学改革的思考与实践［J］．石家庄学院学报，2012（1）：119－123.

② 康建强，郑小军．论当代大学古代文学教学的困境与突围［J］．浙江传媒学院学报，2010（5）：115－118.

一门传统学科，要想与时俱进，在21世纪20年代焕发出生机，必然离不开其在高校的传播，以及在青年群体中的接受程度。因而围绕此门课程的各方面教学情况，就尤其值得探索与关注。当然，古代文学的教学方法远不止以上粗略介绍的五种，还有待进一步结合教学实践予以总结和推广。

二、对中国古代文学教学的再思考

（一）古代文学教学如何激发学生兴趣

在汉语言文学设置的十余门专业课中，“古代文学”居于无可撼动的龙头地位，其内容丰富、跨度大、教学时间长，作用功能在中文学科体系中无可替代。然而，在当下社会，其不被新时代大学生所青睐和热衷已是不争的事实。在“国潮”兴起的今天，如何激发学生对中国古代文学的浓厚兴趣？如何以此为契机，引导学生回归对古代文学的学习？

1. 利用多媒体进行教学

20世纪90年代以来，多媒体教学技术在高校蓬勃发展，普及后一时成为高校师生的“新宠”，直到现在，多媒体也是强有力的教学辅助手段。多媒体具有传统单靠“一张嘴一支粉笔”教学无可比拟的优势。课件教学运用现代多媒体手段，能给学生带来全新的视听体验，通过直观的图像画面，让学生身临其境，或者通过听觉刺激，增加学生对作品的感受力。目前，运用多媒体技术展开古代文学教学，主要体现在以下四个方面。

第一，在介绍某位作家时，在课堂上播放关于该作者的视频资料，一般3～10分钟不等，生动地介绍其生平事迹和作品风格，调动学生的兴趣。

第二，把作品内容转换成画面并适当配乐。如在讲到曹植时，播放关于其《七步诗》的创作过程以及《赠白马王彪》的动画版介绍。在课堂上播放时，学生沉醉在凄怆的氛围中，被深深感染和震撼。同仁徐建芳博士也曾指出：“把这些古诗词转变成生动形象的画面，再配上根据诗词内容谱成的音乐，伴以声情并茂的朗诵，让学生的视、听、意等多种感觉都参与进来，在直观感性的欣赏中受到美的熏陶、心灵的震颤，对这些古诗词的爱好、理解就会容易得多。”①

第三，播放根据文学作品改编的戏剧或影视剧。古代文学中的很多经典作品已被以不同的艺术形式改编，如昆曲有《牡丹亭》《长生殿》《桃花扇》《十五贯》，京剧有《红娘》，黄梅戏有《西厢记》，电影有《花木兰》电视剧有《红楼梦》《西游记》《水浒传》《三国演义》《聊斋志异》等。教师课余多下载和准备，课堂上适当使用，必能为课程讲授锦上添花。

第四，准备与作品密切相关的网络讲座和报告等视频资料。如讲完荀子和韩非子后，播放大型纪录片《中国古代的文化圣贤》；讲完枚乘、扬雄、班固的赋作后，播放南京大学许结老师关于赋的讲解视频；讲到唐代的佛学与文学关系时，播放华中师范大学邱紫华老师的佛学系列讲座。由于课时紧张，教师必须善于筛选精华部分，其余的抛砖引玉，留给学生课后自行欣赏。同时，多媒体教学要求任课教师在平时多注意收集各种教学资料以应备课之需。

在多媒体教学极其普及的今天，教师在讲授古代文学时，还应提高教学视频的档次和质量。此外，多媒体不过是一种教学手段，需要服务于教师对作品的阐发和讲解，因此，无论哪种视频资料，都必须以精简为原则，不可过多播放，挤占分析品鉴作品的时间，避免本末倒置。

2. 精心设计教学场景

情境教学法是指在教学过程中，教师有目的地引入或创设具有一定情绪色彩的、以形象为主体的生动具体的场景，以引起学生一定的态度体验，从而帮助学生理解教材，并使学生的心理机能得到发展的教学方法。中国文学抒情类作品具有一个共同点，即大多在韵律、节奏方面有很强的音乐美，便于朗诵和吟唱，且对借景抒情以及比兴手法的娴熟运

① 徐建芳. 关于古代文学教学的思考［J］. 邢台学院学报，2011（2）：36.

用，也赋予了作品浓厚的画面感。而对于叙事文学——无论是魏晋以后的志怪小说、唐代的传奇，还是宋元的话本、明清的诸多世俗小说——都有很强的动作性和场面感，它们都特别适合采用场景模拟教学法。如《诗经》中的很多抒情短章来自劳动生活，可把教学课堂搬到校园内，让学生设计采茶、种植等场地，进行集体活动时和鸣欢唱，感受或愉悦或悲伤的氛围。对于其中表达忧伤、愤怒情感的篇章（如《硕鼠》《东山》等），可安排学生声情并茂地朗诵，把学生带入作品蕴含的情感和氛围中，获得深切的体验和共鸣；对于其中的恋情歌（如《将仲子》），可设置场景让学生现场模拟、抒发。

当然，情境的表现形式是多种多样的，如问题情境、活动情境、故事情境、竞争情境等，教师可以根据不同的教学内容设置具体的教学情境，尽量使学生受到吸引。此法的运用在于尽快把学生带入语境中并迅速进入状态，从而欣赏、理解作品。这就必然离不开教师对场景的设计、提取而后展示。学者姚红指出："教师可以结合自己的研究方向和专业特长，通过有意识地穿插历史背景、作家活动场景等生活细节及民俗风情的描述，带动学生自觉地进入文学发展的历程之中，让他们感受到古代文学作品的博大精深和深厚意蕴，方能调动积极性，活跃课堂气氛，往往会收到意想不到的良好效果。"①

3. 以小组为单位推进研讨式教学

自教师"一言堂"的传统教学方式备受诟病以来，研讨式教学法受到越来越多教师的青睐，并在尝试中显示出一定的积极效果。就目前的教学实践来看，这种教学方法要取得预期成效，把握三个方面尤为关键。

一是教师对有价值、有争议性话题的选择。研讨式教学作为"点心"和"调料"穿插于教学过程中的，是作为传统讲授法的补充和辅助。因此，教师必须精心挑选开放式话题，提前布置给各小组并督促其

① 姚红，崔霞．中国古代文学课程教学方法探讨［J］．浙江师范大学学报（社会科学版），2011（1）：112．

积极准备。如设计以下话题：

（1）对比后世散文，诸子散文有哪些突出特点？

（2）诸子对当时春秋战国时代的社会是如何批判的？各自有着怎样的角度、立场和言论？

（3）屈原“一跳”激起文坛千层浪，在他离世后数百年，两汉又涌现出哪些评析名家？这说明了什么？

（4）后人对南北朝宫体诗有诸多批判，你认为有哪些可取之处？

（5）魏晋南北朝的实用公文很多写得不错，其文学化格式有哪些？当今公文又如何？古代公文哪些方面值得今人借鉴？

二是教师必须为学生的材料准备提供方向和思路，并在讨论前进行检查和评估，以确保研讨的质量和效果。比如，在学生接到题目后，教师列出相关书目，提示思考中的相关注意事项，讨论前及时突击检查，听取学生反馈。

三是教师对课堂的驾驭和组织是确保研讨质量的关键。小组内部讨论后，意见汇总至该组代表处，由其登台展开汇报和交流。对于一些争议性较大的话题，可能在课堂上会形成不同派别，听到不同声音。这时，教师需要适当引导和控制，避免学生讨论得过于激烈。在最后的教师总结和评点环节，教师更需要在总结中升华，尤其是对于一些具有普遍意义的情况，要及时提示和强调，尽可能地上升到方法论和价值论的高度，对学生及时进行治学方法和人生观等方面的教育。

（二）古代文学课程培养学生哪些能力

古代文学课程担负着弘扬优秀传统文化、宣扬古代人文精神、对当代大学生进行人格教育与价值熏陶等多重功能，其教学目标之一在于通过对文学史的系统梳理和对作品的深入学习，增强学生的人文素养，锻炼其综合能力。无论教学内容怎么安排，教学方法怎么变革，最终目的都在于学生能力的增强和素养的提高。如何以古代作家作品为载体，在课堂教学中有意识地对学生进行能力锻炼，便成为此门课程教学中的重要一环。

1. 培养学生对作品的感受与体验、品鉴与分析的能力

长期以来，古代文学承载着对“文学史”和“作品选”的讲授，这实则是两门课程的融合，不同的学校和教师有其相应的处理。当前学界的共识是应把教学重心放在作品选上，文学史可大致概括，否则就会本末倒置。而作品选的讲授重点在于培养学生的审美感受力，提高学生的作品鉴赏力。学者过常宝指出：“由于多种原因，这些优美而蕴含深厚内涵的作品，其精神作用在今天已经大大减弱。它们在中学课本里被看作是‘古文’，学习的内容主要是字词、章法、思想等，在教师的反复咀嚼中已经化为大大小小的知识点，作品的美学功能和精神涵养作用消失殆尽。学生自然也难以从这数量有限的、被知识化了的课本中学习古代文学的鉴赏能力。所以，大学阶段的古代文学学习的首要任务，就是要培养学生的作品感受能力。没有对作品的深切感受，文学史就成了空中楼阁，也不会受到学生的真心喜爱。所以，在文学史学习之前培养学生对作品的感受能力至关重要，这也是作品选课程的最重要的教学目的之一。”①

首先，紧扣教材但又不拘泥于教材。当前，高校通用的是朱东润先生主编的六卷本作品选，该教材从卷帙浩繁的作品中精挑细选，具有独到的品位和眼光。然而，实际教学中需要适当补充其他相关作品作为参照辅证，或者变更教材课文顺序。比如，在讲到司马迁的《项羽本纪》篇时，引入班固《汉书》的《苏武牧羊》篇，通过作品的比照，窥见不同史学家的文学处理方式及不同史学著作的文学成就，这种讲授法不严格拘泥于课本排序，而是适当打乱后作为“专题”处理，甚至形成较受学生欢迎的“头脑风暴”教学法；再如，讲到曹丕的《燕歌行》时，需要对曹丕的文学成就、曹丕与曹植的文学风格进行对比，以及说明当时文人之间的关系，此时补充其《典论·论文》以及《与吴质书》等典范书信，从互文性角度带领学生加深对曹丕人格与情感的领悟；又如，在

---

① 过常宝. 关于古代文学作品选课程建设的几点设想［J］. 中国大学教学，2011（8）：44.

讲到李煜的《虞美人·春花秋月何时了》《浪淘沙·帘外雨潺潺》等篇章时，附带介绍、鉴赏其几首早期反映宫廷奢靡生活的词篇，不仅能让学生对稍前的“花间词”有进一步了解，也能让学生对李煜其人的转变、词风前后的对比有更加清楚的把握。此外，在讲到思乡、友谊、爱恋、别离、怀古、山水、田园、边塞、宫怨等不同类别的代表作时，也引证和参照文学史上的类似篇章。这既有助于学生对所讲作品进行深入把握，也可扩大学生的视野。

其次，真正进入作品内核，带领学生细读文本，从字、词、句到思想内容、艺术特色方面观照文本，既进行宏观透视，也进行微观剖析，领略作品的艺术之美。文学作品是语言的艺术，当前有些同仁虽然也在讲作品，但陷入知人论世、创作初衷、成就地位、后世影响等方面的分析，缺乏直面作品本身，从字词句入手解读作品的艺术要素、审美传达、话语张力、意境空间等，因此仍然显得有些“隔”，似在作品外围“转圈圈”而没有进入“内核”，从而导致学生不知如何真正品鉴作品。教师需要把课堂的绝大部分时间都用在作品品鉴上，引领学生采用相应的理论方法深入作品内部，逐字逐句地解读。比如讲解杜甫的《登高》时，采用新批评理论对“万里悲秋常作客，百年多病独登台”以及“萧萧下”“滚滚来”等内容进行逐一细读和品析，此作的艺术魅力、杜甫的创作特色以及复杂情怀也逐渐凸显出来。当然，只有名作才值得如此细读和品鉴，毕竟教学需要点面结合，以点带面，这种直面作品的品鉴，远比那种泛泛而谈的介绍、粗略大概的导读要有成效得多。经过这种训练的学生，在鉴赏作品时不至于写出浅显粗糙的“读后感”，不至于面对一篇篇鲜活、感人的作品时无处下手。

最后，紧密结合现实和当下大学生的心态，挖掘并呈现作品中的多重内涵，尤其是其中蕴含的人文精神及对当下生存的启迪。学习古代文学作品，绝不只是粗浅地体会古代风貌，而必须有一种现实关怀，即结合当下的社会语境，感知作品中体现出的人文精神，以对学生进行人生观和价值观教育。例如，要特别注意用进步作家先进的思想、高尚的人

格来对学生进行精神熏陶，爱国志士屈原、陆游、岳飞、文天祥、于谦、戚继光、夏完淳、郑成功、顾炎武、林则徐、谭嗣同等人的一生，都与自己的民族和祖国命运相连，他们坚守节操，大义凛然，有着强烈的爱国忧民的思想感情。还有不为五斗米折腰的陶渊明、“鞠躬尽瘁，死而后已”的诸葛亮、“穷年忧黎元，叹息肠内热”的杜甫、“先天下之忧而忧，后天下之乐而乐”的范仲淹等，他们的思想情操和人格力量，无疑会给学生以心灵的陶冶，乃至震撼。因此，在教学中要注意将这些高尚的思想情操和人格魅力逐渐渗透到学生的内心世界里，激励他们营造健康美好的精神家园。可以说，在文学上流芳百世、作品被选入大学教材的作家，他们的人品情操、精神追求、志向抱负、价值信念乃至处世原则等，都深深值得后人赞扬和品鉴。

2. 培养学生查阅资料、梳理文献的能力

不少大学生表示对论文写作非常迷茫和困惑，不知道如何选题、怎样确定其学术价值、收集资料怎样避免遗漏，不知道对资料如何鉴别、取舍，之后又如何思考并提炼出提纲等。造成这种情况的重要原因在于教师有意识地让学生搜集文献和处理分析的训练非常不足。鉴于此，在古代文学教学中，教师应精心布置专题性作业，让学生独立查阅后在课堂上汇报。比如设计如下话题：

（1）先秦诸子对社会的批判有哪些对立面和相似性？

（2）先秦儒、道对言、意各有哪些论述，各持怎样的态度？你怎么看？

（3）《史记》对后来唐宋八大家有哪些影响？

（4）魏晋南北朝阶段的经典书信为何具有艺术魅力？今人写书信，可以从中借鉴些什么？

（5）玄学极盛时有哪些流派？观点分别是什么？

这些开放式的话题往往具有跨度大、思考空间充足、需多方查阅资料才能圆满解答的特点。在学生自己动手一段时间后，教师要引导他们娴熟使用中国知网、硕博论文网、读秀网等资料网站来查阅、下载资料，并在软件上做笔记、消化信息、提炼出个人观点。

3. 培养学生活学活用的能力

无数古代作家的心声、观念、品行、追求和价值等，都蕴藏于作品之中，千百年后，读者仍能感同身受、身临其境。学习古代文学应活学活用、发扬传统，虽然时空不同，但古今中国人在爱恨情仇、生死别离等方面都有共同的境遇，以及面对人与自己、自然、社会等近似状况，息息相通，情理一也。因此，在学习古代文学作品时，要不断地激活资源，挖掘传统，古为今用，以解决当前所面临的处境和各种问题。

（三）古代文学教师应具备的基本素养

古代文学课堂上，学生兴趣的激发、各种教学方法的灵活运用、教学模式的探索变革，以及学生能力的培养提高等，都离不开任课教师的主导和推动。教学古代文学需要特别的专业技能和储备积淀，而执教此课程究竟需要教师具有哪些素养呢？

其一，要想从根本上改变古代文学不被大学生重视，学生普遍丧失学习兴趣的局面，任课教师必须有大刀阔斧的改革意识和坚定不移的改革行动。教师必须高度重视课程设置的必要性和积极进行改革的迫切性，才能避免古代文学课程在00后大学生中陷入可有可无、鸡肋般的尴尬境地。通常一种教学模式尝试2～3轮后就需要及时进行总结，并与时俱进地推陈出新，总结经验教训，或尝试别的多元化教学方式，比如微格教学、研究式教学等。要想使古代文学上得生动活泼，学生积极踊跃，教师必须因材施教，知己知彼，善于在激发学习兴趣、增强其综合能力等方面多做文章，多下功夫，不断探索出适合不同班级特点同时又体现自己教学风格的路子来。在这个知识爆炸和学习方式发生革命性变化的信息时代，任何无视学生需求与特点、固步自封地以一套教学模式或某一种教学方法作为万能钥匙和课堂拐杖的教师，都将落伍于时代。

其二，任课教师必须有灵活调度各种批评方法解读鲜活作品的意识和能力，必须在理论视野、思维素养和知识储备上狠下功夫、不断更

新。带领学生品读作品，增强其鉴赏能力，需要教师在课堂上多次示范。“一把钥匙开一把锁”，不同的作品有其相应的解读方式，主讲教师必须熟悉中外各种批评流派的理论与操作方法。过常宝认为：“古代文学作品选课程不能停留在语言和内容理解的层次上，而将作品的意义阐释让渡给文学史。教师应针对古代文学的特殊性，注重培养学生对优美的语言和形式、精致的意象、细腻和复杂情感、不同人生境界等的感受能力，从而使学生对古代文学作品产生认同感、亲切感。同时，作品选课程还要教给学生描述、分析作品的方法，培养学生从作品本身出发的、有真切感受的表达能力，而不是基于文学史价值或其他社会价值的分析和判断能力。在这一教学过程中，通过介绍古代作品评点和赏析的方法，并以此为契机重建古代文学的欣赏氛围，是十分有意义的。总之，作品选课要将作品欣赏能力放在教学目的的首位。”[①] 这就需要教师既要有扎实的批评理论功底，又要对作品有敏锐的感受能力。如前所言，只有对作品消化、吃透并竭力分析其审美特质，示范性地教给学生不同的品鉴方式和批评理论，才能切实增强学生欣赏古今作品的专业能力，提高其专业水平。

其三，教师要有极强的文言语感和扎实的国学功底，如果会写诗、填词，则能对古代诗词有更深刻的理解，在提升课堂效率的同时，也抒发了自己的志趣。

三、中国古代文学教学的当代视野与致用精神

（一）宣扬并传承人文精神

古代文学课程学习的是大浪淘沙、披沙拣金后遗留于世的经典作品，透过一篇篇文字，现代人仍能鲜活地感受到古人的生存方式、抱负追求、审美趣味与人生境界。这对理解和接受能力极强的大学生来说，

① 过常宝．关于古代文学作品选课程建设的几点设想［J］．中国大学教学，2011（8）：44.

是一种极好的滋养与启迪。通过古代的诗词曲、骈赋等艺术作品，后人能透过静止的文字，洞察它的主人当年的身世遭遇、个性特征与精神风貌。可见，古代文学是传承优秀文化、宣扬人文精神的经典课程之一，是大学期间对学生进行专业训练和人文熏陶的重要课程之一。而“高等教育的任务就是要培养高素质的创新型人才，使学生学会怎样读书、怎样做事、怎样与人相处、怎样做人。但目前在大学教育的指导思想上，存在着较为严重的工具性和狭隘的功利教育观念，在教育内容上表现为重理工轻人文、重专业轻教养、重知识轻能力的单纯职业化倾向；在教育的效果上，容易造成受教育者人文知识的欠缺和知识结构的失衡。长此以往，将直接影响我国高等教育人才培养的质量和我国现代化建设进程”。[①]

古代文学课程并不是远离现实、脱离现实的，它与现实人生密切相关，蕴藏着对学生进行现代教育的大量人文精神，等待着发掘和运用。因此，在古代文学教学中，不仅要向学生传授文学知识，培养学生的人文精神，还要重视其实用价值，帮助学生实现知识向运用能力的转化。

在教学中要找到古代文学与现实社会的契合点，突出其人文学科性质，培养学生的人文精神，实现其化育功能。

中国古代文学是中国传统文化的重要组成部分，文化典籍和文学作品是华夏民族几千年思想智慧的结晶，其中包含着丰富的人文主义思想和人文精神。比如强烈的忧患意识、批判意识，大胆的叛逆精神，追求人格独立与思想自由，强调“天人合一”，强调人际关系的和谐，重视人伦亲情，肯定道德自觉，主张人格的自我修养，重视人生的价值，尊重并顺应自然等，都是中国人文主义的传统表现。

古代文学中的优秀作品是中华民族宝贵的精神产品，古代优秀作家身上的人格魅力在作品中闪耀着光彩，古人的人生态度、理想抱负、情

---

① 江秀玲. 大学生人文素质培养与古代文学教学［J］. 陕西教育学院学报，2011（1）：70－73.

感选择、生活智慧等都融合在文学作品之中。[①]

带领学生学习作家的人文精神，领略作品的人文气息，方法有以下两种：

第一，引领学生提炼、概括作家最突出的人格魅力，或者在品鉴分析中逐步呈现出其个性气质、思想特征、情感基调等。如讲到先秦诗歌、散文发展时，分析孔子一生周游列国、痴心不悔的弘道精神，孟子贫贱不能移的大丈夫气概，墨子为民非乐的苍生情怀，老子“上善若水”的淡然处世，庄子与世无争、逍遥遨游的超脱态度，屈原忠贞不移、上下求索、绝不妥协的爱国情怀，及至两汉以下，司马迁秉笔直书的实录精神和发愤著书的抗争品格，曹操志向远大、老骥伏枥的奋斗精神，陶渊明不为五斗米折腰、追求自然洒脱的人生风貌，李白“仰天大笑出门去”“天生我材必有用”的自信精神与狂猾情怀，杜甫兼济苍生、忧国忧民的担当气概……这些被鲁迅誉为“民族脊梁”的代表作家，以其独特的文学成就和个性风貌而彪炳史册，可为后世提供精神养分。教师不能只满足于讲完作品的思想内容和艺术特色，还需要有意识、有侧重地提炼、概括作家通过其作品传达出的精神、情怀、抱负、追求乃至文化品格，并感受其或丰富或激荡的心灵。如学人所言：“我们应该用这种多向的、多维联系的思维方式对古代作家、作品进行全新的审视和诠释，从而激活作品的内在价值，挖掘出中国古代人文精神所倡扬的人生意义、人格修养、精神境界、气节操守、做人原则、审美追求等宝贵财富，以拉近古代作品与现实人生的距离，使学生们能够感受到古代文学对于人的心灵启迪，从而构建自己的精神家园。此外，还应该极力开拓古代文学作品的审美价值，发现其人情美、人性美、道德美、结构美、韵律美、语言美、风格美。可以让人以审美的眼光和心态来看待世界和人生，抛弃功名利禄的尘世纷扰，回归自然，找回自我，做一个行

① 甘松，袁晓薇．应对挑战：对中国古代文学教学的几点思考［J］．广西科技师范学院学报，2011（1）：98－100．

为高尚、充满智慧以及富有爱心、同情心和宽容心的人。”①

作家的人生追求和作品内涵体现出的人文精神，必将成为中华民族宝贵的精神财富，对于个人而言，可以得到熏陶、增强素质、提升素养；对于社会，它将成为不竭的文化资源。

第二，针对当代大学生的身心特点，挖掘、总结作家在面对人生具体处境时的可取态度与积极做法，从而为年轻人导航。从广义上讲，这也是对作家人文精神的一种传承，只不过更具实际指导性。当代大学生正处在社会急剧发展和转型的重要阶段，在享受物质带来的愉悦的同时，在学业、生存各方面面临着更大的压力。古代文学教学中，可以以作家的人生态度和实践作为指南，为其困境拨开迷雾，提供启迪。

比如讲到孔子，就孔子一生颠沛流离、四处碰壁、晚年回到鲁国聚徒讲学，一生不放弃宣扬儒家学说的人生经历进行总结，可为学生在遭遇挫折和不顺时如何正确面对和调试作范例；又如在讲到苏轼在朝廷受到打击和排挤、不断被贬、四处辗转的坎坷经历后，引导学生用对生活、对自然的爱化解人生的不幸，可为学生如何形成一种积极人生态度进行熏陶与教育。

中小学新课标早就提出学习远不应止于知识层面，还应上升到价值和情感维度。其实，大学教学又何尝不是如此呢？当前很多大学教师却忽略了这一点，这一点恰恰能充分发挥古代文学的“无用”之“大用”，这种讲法也恰恰是对学生最有益处、最有启发作用的。总之，在当前这个极其功利的社会背景之下，重温、反思和继承中国人文精神传统，对于唤起良知、唤起理性、唤起尊严，抵制物质异化、精神空虚、道德沦丧具有普遍意义。

（二）与现实社会发生关联，与当下生活紧密结合

有学者曾指出：“高校的中国古代文学教学中普遍地存在着一种弊

① 喻芳．寻找古代文学与现实人生的契合点：高校中国古代文学教学改革探索[J]．乐山师范学院学报，2011（2）：138—140.

病，注重基本知识的掌握，强调知识的框架结构，忽略对作品的直接感知，特别忽视其实用价值的开拓，从而使得中国古代文学这门课程不能适应现代社会的要求，与现实生活脱节，成为一种历史的存在。为了解决中国古代文学教学中所存在的问题，摆脱困境，我们应该积极地寻找古代文学与现实人生的物质契合点，即挖掘古代文学的实用价值，提高学生的应用技能，促使这门历史悠久的课程焕发出生机与活力。”①

也有学者指出：“当代大学生对带‘古’字的课缺乏兴趣，其中一个重要原因是看不到课程本身与当下生活的关联。而我在‘批判意识’的层面打通古今，使学生真切地感受到古代文论的思想和方法在今天依然有效，古代文论依然活在今天，活在当下。”②

古代文学如何和当下现实发生关联呢？其现实价值和致用精神又体现在哪些方面呢？这些都需要充分挖掘。除宣扬人文精神、引导学生进行改编等，尚有以下两个方面可以操作：

其一，寻求古代作家人生境遇、生存环境与当前人们生活、工作的相似、相通之处，既帮助学生切实理解、体察古人的创作动力与作品内涵，也帮助学生从中获得思索、启迪与借鉴。

如讲解庄子采用寓言来言说其“逍遥游”思想时，将庄子所处的战国动荡不安的时代与当下人们在物质文明高度发达后人心浮躁、陷入心理危机进行比照，在“异化”上寻找到共同点。面临的社会现实与心理压力将促使学生对庄子所处时代以及他在乱世中追求精神的自由、人格的独立有更深切的理解，也使学生对当前生存状况展开思索，课后可形成话题作文，写作思想随笔。又如讲到屈原《离骚》《天问》《涉江》《哀郢》等篇章时，可以从大学生的情感世界来观照屈原在楚国宫廷中的不幸遭遇与凄凉处境，这种将心比心的教学通过设置类型情境让学生对创作背景和诗人的体验感同身受，使学生在切入作品时不再感到隔阂与生疏。以当下近似语境来比附和观照古代作家作品，能使教学具有亲

---

① 喻芳．寻找古代文学与现实人生的契合点：高校中国古代文学教学改革探索［J］．乐山师范学院学报，2011（2）：138－140．

② 李建中．古代文论教学的当代视野［J］．中国大学教学，2009（5）：52－53．

近感，获得一种当代视野。

其二，以多种学科视角观照古代作品，从不同角度进行解读，通过激活资源来阐发作品丰富而多元的内涵。

古代文学在五四之前是国学中兼采经、史、子、集的综合部分，后来随着引进西方学科分类，逐渐独立成为一门专门学科。而五四至今，学科划分越来越细密。因此，当前学习、讲解古代文学时不能将之局限于狭义的纯文学，而宜采用跨学科视野来解读作品，“横看成岭侧成峰，远近高低各不同”，研读作品采用的学科和角度不同，得出的结论和认识也往往迥异。

比如讲《聊斋志异》时，可以从女性主义的角度去分析作家的创作心态，可以用原型分析方法去解读其中的文学形象，可以用生态美学的研究方法理解作者对人和自然的异化描写，还可以从人类文化学视角去探析鬼狐意象的深层内涵。

又如从现代管理学角度品读《三国演义》，从谋略学角度品读《水浒传》，从人际关系学角度品读《西游记》等，不一而足，如能娴熟自然地运用这种教学法，使作品在解读中获得新意，自然能建立起传统与当下之间的关联。这尤其需要任课教师具有宽广的学术胸襟、开阔的教学视野，以及跨学科的知识结构，肯动脑筋肯备课。

（三）锻炼学生的语言能力

古代文学担负着传承优秀文化、训练学生思维、培养学生的审美能力、宣扬人文精神等多种功能，对学生的熏陶与锻炼是多方面的，已有同仁做过部分探讨，这里仅选取“语言能力”维度稍作分析。

语言能力，包括口头表达与沟通能力、笔头写作能力。学好古代文学，大的方面来说有助于提升学生的人文素养，小的方面来讲对学生的语言能力也是一种积淀和磨砺。

1. 表达与沟通能力的提高

学生可通过古代文学作品了解和积累许多格言警句、歇后语、典故和俗语，这些都可为学生的表达能力添彩，对实际交际语言运用也有帮助，能有效地提高沟通能力。

2. 写作能力的增强

文学是语言的艺术，选入教材的作品均是经过时间考验的经典篇章，那古代文学经典如何增强学生的写作能力呢？

一是增强语感，通过积累优秀篇章中的词汇和语句，通过对作家写作技巧的揣摩和把握，提升写作能力。比如，学习庄子后，总结其寓言言说的特点与魅力；学习史传散文后，总结古人对辞格的灵活调度和娴熟运用；学习两汉赋作后，可采用铺陈手法即兴练习；学习南北朝的骈文后，借鉴其对偶句和华丽辞藻的文采之美；学习唐诗宋词后，学习古人“捻断数茎须”的一字千金精神……无论是某种文体，还是具体作家，教学中都可对突显语言之美予以重点讲解和提醒，并让学生勤于练笔。

二是在教学中以实用文体为契机，结合当下社会办公实际常用到的应用文体式要求，进行有的放矢的指导和习鉴。在古代文学教学中会涉及大量兼具文学色彩的实用文体，如书信体有司马迁的《报任安书》、诸葛亮的《出师表》；奏疏类有李密的《陈情表》、魏征的《谏太宗十思疏》；序跋类有李清照的《金石录后序》、文天祥的《指南录后序》等；其余的有陶渊明的《自祭文》、韩愈的《祭十二郎文》《柳子厚墓志铭》、柳宗元的《段太尉逸事状》、刘禹锡的《陋室铭》……这些文章具有很强的应用性，因情志双美、艺术色彩浓厚，遂成为传世经典而进入古代文学作品选。教师可从规范格式、语体运用等方面，结合当前的应用实际，让学生感受到古代文学的实用价值。

古代文学在当代大学的传播要深入人心，必须从改变教学方法入手，以当代视野观照古代文学，使其焕发新的生机；彰显古代文学的致用精神，是实现传统学科古为今用的基本出路。

四、中国古代文学教学中的网络资源利用与网络平台建设

（一）课程教学中对网络资源的充分利用

在信息时代，网络提供了无穷的教学资源，如果利用得当，将使教

师备课事半功倍，课堂组织胸有成竹，课堂教学锦上添花，课后辅导如鱼得水。然而各种网络资源泥沙俱下，需要甄别、辨析，审视选取，应避免为图省事而盲目播放过多的视频，否则必将减少必要的作品讲解时间。多媒体手段是教学辅助，而非主体。“古代文学教学要想打破目前的单一模式，就必须放开眼光，充分吸纳和利用数字信息，拓宽古代文学的教学面，丰富其接受手段，鼓励和帮助学生利用网络平台辅助专业学习，引导学生将从网上获取信息的行为与专业学习联系起来，积极借助网络实现课堂教学的延伸和深化。”① 教学古代文学可重点选取相关网络资源进行如下使用：

第一，利用多媒体制作醒目、简练、实用的教学课件，以醒目的符号文字呈现讲解的核心内容。一般以每节课 20 张 PPT 为宜，中间穿插适量的图片和音乐，不宜过于频繁地翻阅，否则就会由此前的“人灌”变成了“机灌”。首先，课件只是辅助手段，教师的重心应放在对作品的讲授、分析上，不能本末倒置；其次，课件不可过于花哨，让形式压倒内容，忽略讲解而只是追求图片和音乐的堆砌；最后，文字也不可过多、过密，否则会弱化讲解而“照机宣科”，教学效果适得其反。当然，古代文学课程涉及大量史料性文字，可发挥多媒体课件的容纳、直观功能。总之，利用多媒体制作课件来进行教学的优缺点并存，需要教师正确取舍。

第二，直观、形象地利用简短视频介绍作家。网络上有极多风格各异的作家生平资料介绍视频，这类视频不仅精准凝练地对作家的各类背景与作品风格有完整介绍，还能激起学生兴趣，使课堂教学多元化，是绝佳的教学资料。

第三，搭配音乐、图像、视频等资料讲解文章。如讲解李煜的《虞美人·春花秋月何时了》、苏轼的《水调歌头·明月几时有》和李清照的《一剪梅·红藕香残玉簟秋》时，播放由该词谱曲的现代歌曲，传统

---

① 王志清，徐晓红．媒介素养与高校古代文学教学实践［J］．淮海工学院学报（社会科学版），2011（2）：98－100．

诗词在现代演绎中焕发生机，学生会倍感亲切，从音节、旋律角度对诗词原作有更进一步的把握和了解。当然，很多经典篇章在网络上都可搜集到名家朗诵或传唱的作品，教师可多方比较，选择经典版本并在课堂上随机播放，必要时可引领学生一同哼唱或朗诵。再如徐建芳博士在讲解白居易的《长恨歌》前，先给学生放映著名画家戴敦邦依据诗作绘制的系列图片，同时配乐朗诵，把学生带入深切同情主人公悲惨命运的情境和氛围之中，对作品理解得也更加真切和深刻。

利用网络多媒体技术开展教学，本质是将声音、图像、音乐、色彩、动画等组合在一起，从而形成形象逼真、情景交融的教学情境，调动学生的学习积极性。充分利用网络资源可达到三个方面的教学效果：一是使复杂的内容简单化、清晰化；二是将已知的内容新颖化、鲜明化；三是把静态的教学动态化、灵活化。①

（二）课程教学网络平台的研发与建设

古代文学的教学不能一味从网上获取资料，还必须进行对网络教学平台的研发与建设，使其符合教学实际。目前，国内部分高校和科研院所已着手建设，但尚需教师与时俱进，补充新的栏目，填充新的内容。

1. 为学生精选名篇

网络资料异常丰富，教师可主动筛选精华内容，再让学有余力的学生自行补充其他资料，让学习的深度和广度得到保证。

2. 研讨学术题目

研讨学术题目旨在推动学生从平时学习中积极思考，寻找话题，消除对学术的畏惧感。教师提供几个涉及学术研究的话题，让学生适当拓展和延伸。例如：

（1）诸子散文的共性。

（2）诗骚的比较。

---

① 栾为. 古代文学现代教育教学方法研究浅析［J］. 黑龙江教育学院学报，2009（2）：183—184.

(3)《诗经》中的赋、比、兴的具体体现。

(4)“文学”观念在先秦、两汉的变迁。

(5)屈原爱国精神与当前中华民族的复兴。

(6)陶渊明田园诗与当前全民呼吁环保。

教师需要给学生提示，不求全面和深入，只需激起兴趣，使学生围绕选题进行思考并写些随笔，培养学生从阅读和课堂中获得思考切入点的能力，逐渐善于写作。

3. 与学生共同思考提出随堂思考题

随堂思考题区别于教材中设置的问题，有三个鲜明特点：其一，不拘泥于课本和课堂，有一定的开放性和延伸性；其二，具有一定的现实关怀，多从现实角度出发，实现古今的对话；其三，题目是师生共同思考的结果。例如：

(1) 从修辞角度来看，墨子、荀子的散文有哪些值得称道之处？

(2) 庄子的寓言对当前人们的生存状况具有怎样的针砭功效？

(4) 诸子散文言说方式的特点及其魅力？

(4) 结合具体作品，分析骈体和赋体有哪些相似点和不同之处？

思考题来自学生，又促使学生思考，可极大地调动其积极性，增强其自主学习的能力。

4. 拓展资料

拓展资料能拓宽学生的阅读视野。在这些资料中，学生能了解前人的研究成果，学习其研究方法。拓展资料应包括以下两个方面的内容：

第一，围绕此作家的重要研究资料；

第二，重要研究资料的具体来源。

5. 学生习作的批改和交流

学生针对随堂精心设计的拓展性问题所递交的作业（或补充查阅的有关资料等），都可由任课教师收齐后传至网上，附上教师的辅导和点评，方便学生之间传阅浏览。此法不仅能极大地激发学生的学习积极性，锻炼其阅读、思考、写作方面的能力，也便于教师在申报教改项目

时有据可凭，充实材料内容。

6. 师生双方网络交流平台的开通

便利快捷的网络交流平台可为师生提供优质对话窗口，教师可发表课程设想、研究项目、成果结论、读书心得等，甚至设置古代文学的若干小专题，随时上传拓展性资料，一方面可缩短师生之间的距离，使学生在学习过程中不断了解、亲近教师，从而热爱古代文学；另一方面可将课堂上无法解决的问题转移到课外，既可弥补课时之不足，也能通过促进学生自学来提高教学效率。

7. 常规网站课程建设的必备要素

常规网站课程建设主要包含古代文学教学的几个基本方面：任课教师简介、教学大纲、电子教案、多媒体课件、试题库、课程视频（如有条件录制）等，可参见“国家精品课程建设网站”相关栏目设置和资料准备。这些要素完备的过程也是此门课程内容进一步夯实、网络平台建设进一步规范化的过程。

我们处在一个依靠媒介传播知识和文化的全新时代，在执教古代文学课程的过程中，必须有开放的胸怀与宽广的视野，必须及时更新教学思维，变革教学观念，既要会“拿来”，善于积累、储备，为我所用，胸有丘壑；又要会“传播”，在教学实践活动中不断改变教学方法，将成果面向同行推广。

第二节　中国现当代文学课程教学

一、中国现当代文学概论

（一）中国现当代文学的概念

中国现当代文学是现代文学和当代文学的结合统称。在文学界，一般都将五四运动至 1949 年之间出现的文学称为“现代文学”，将 1949 年以后的文学称为“当代文学”。从中国现代文学和当代文学的发生时间分析，它们都出现在中国社会的大变革时期，而中国社会的大变革，其本质就是一个由农业社会向工业社会，由农耕文化向工业文化转型的过程，即现代化过程。

（二）中国现当代文学的未来发展方向

1. 注重对世界化文学模式的挖掘

从现当代文学的创作时代背景出发，在未来的发展中，中国现当代文学需要从“西方化”的观点中走出来，逐渐向“世界化”的文学模式发展。首先，文学作为一种精神文化载体，在任何时代、任何国家，都不是为了谋取利益或否定人的价值观，而应该处处反映人类的审美情趣和精神内涵。文学不仅无国界，更无阶级性，因此，在中国现当代文学的未来发展中，需要建立一种世界性的对话模式，只有这样，才能保持各国之间对先进文化和文学的交流，才能更好地促进我国现当代文学的良性发展。当然，在这个发展过程中，中国现当代文学研究者需要擦亮眼睛，在世界文化对话中扬长避短，保持清醒的头脑，建立一种具有创新因素和独特文化内涵的新文学精神，而不是以西方文化为动力，也不是以死板的传统文化为引力的发展模式。因为，只有创新性的新文学精神才是积极向上的，只有用整体的眼光去看待世界，中国现当代文学的发展才会又好又快。

2. 注重对民族化文学模式的挖掘

新的社会发展时期，中国现当代文学作品向民族化的方向发展并不是复古，而是回归传统的表现，这也是符合中国文学发展规律的。现如今，中国现当代文学作品的发展虽然受到西方文学的影响，但有一些作者还是比较注重从民族文化中汲取营养。以现代文学中白话诗歌的创作为例，它们多是出自民间的相关歌谣，或是对民间生活真实写照的描述，深刻地刻画了民间的生活群体，这是现当代文学作品充分体现民族化精神的表现。同时，在创作者辛勤刻画民族文化和不断深入汲取中华民间产物的过程中，我们也发现了创作者们想要弘扬中国传统文化的苦心，这对中国传统文化的大力发展是有着积极推动作用的。中国现当代文学创作必然吸收外来文学的营养，但作品的创作必须具备中国传统特

色，用民间精神和传统作为中国现当代文学的创作基石，促进中国现当代文学向更深层次发展。

3. 注重对文学人性本质特点的挖掘

从对中国现当代文学作品发展历史的探究可以发现，中国文学创作者是可以树立生命真谛的，也会按照自己的思想路线去挖掘人性的本质特点。对于现代的文学创作者而言，还需要从三个方面展开。其一，中国现当代文学作品要沁入人内心、具有穿透生命力、直达灵魂，面对这种要求，中国作家需要具备超凡脱俗的意识，在超越平庸中寻找生命的真谛，用自己独特的方式记录社会的发展进程和人生感悟。其二，中国作家需要注重对经典的重读，重温经典是为了更好地衔接新文化，并更好地传承民族文化。其三，中国现当代文学的学术空间需要继续拓展，在拓展中注重对传统旧诗词和戏曲的深入研究，从中深刻感悟传统文化的神奇生命力。当然，对社会转型期的市民文学也需重视，认真分析它的特性和效应，保持文学发展的平衡。

在中国现当代文学的发展进程中，受社会环境的影响，文学人性的本质也发生了很大的改变，在改变中既有提升，也面临着各种问题，这就导致中国现当代文学的创作遇到了很大的发展瓶颈。但是，中国作为一个历史文化悠久的文明古国，深厚的历史文化背景以及中国文学者对文学热情的存在，都给中国现当代文学的发展带来了巨大的发展潜力。在未来的发展中，中国现当代文学需要“取其精华，去其糟粕”。文学创作者们更需知道，文学的优秀与否和自身的文化积淀，以及自身对生活的感悟有关，而不是哗众取宠下的战利品。只有用心去感悟生活，用心去创作文字，这样的文学作品才是中国现当代文学的未来。

二、中国现当代文学的语言品格

（一）中国文学走向暗淡的原因分析

只有“对症”，方可“下药”，分析和研究当前中国文学走向暗淡的原因是对文学进行品格定位的第一步。本节将从社会变迁、文学研究、文学创作和文学教育这四个方面对当前中国文学的“尴尬”地位和暗淡原因进行分析。

1. 多样化的审美和娱乐方式削弱了文学的地位

改革开放以来，中国经济飞速发展，随之而来的便是人民生活的日益改善和休闲娱乐方式的多样化。与文学相比，手机、电脑等现代化的娱乐方式能给人带来审美和娱乐上的全方位享受，人们的休闲活动方式更加多样。绘画、电影、摄影等艺术形式也因科技的进步而大量涌现并飞速发展，人们不再只靠文学寄托内心世界，文艺表达方式更加多元化。这些都大大地分流了文学的功能，也使得文学的地位被大大地削弱，不比从前。

2. 文学内容和形式的多样化极大地冲击了传统文学

由于社会的发展、科技的进步以及文学创作者和读者群体自身因素的影响，当今文学不论是在内容上还是在形式上都日益丰富多样，而网络文学便是其中的代表，也是目前为止影响最为深远、在文学领域内崭露头角的新兴文学形式。不可否认，网络文学能够兴起，必然有其过人之处。但是，从整体状况来看，这种文学形式以及其他新兴文学形式都大大地冲击了传统文学。其不论是在严肃性、创作方法、表达思想还是在作用功能上都与传统文学相差甚远。这些文学最注重的是休闲娱乐，没有内涵和深度。由于受众群体的庞大和影响的扩大，其极大地冲击了传统文学的各个方面。这正是造成目前中国文学界新老文学之争的重要原因，也是对文学进行品格定位必须注意的问题。

3. 文学教育不能满足广大受众的需要

文学地位的削弱以及中国目前的教育现状使得我国的文学教育现状也不尽如人意。具体来说，在教育对象上，进入本科教育以来，多样化的选择分流了文学教育受众，使得其教育对象和范围缩小，而且越高层次的文学教育的对象就越少，这极大地忽略了文学的普遍性教育。在教育方式和教育内容上，文学教育还存在众多不足，其中最主要的一点是创新不够，仍拘泥于传统的教学方式和既有的文学知识的学习，而不能主动去发现和创新。这些因素使得我国当前的文学教育并不能满足广大受众的需要，进而影响了我国文学的发展。

（二）中国现当代文学的品格定位

在对中国当代文学尤其是进入21世纪以来的文学走向衰落的原因进行分析之后，结合我国现当代文学整个百年间的发展状况及其相关品格定位，从促进中国文学发展的目标出发，对中国现当代文学的品格定位提出认识。具体来说，中国现当代文学应当构建和完善其知识品格、审美品格、开放品格。

1. 知识品格

从文学的功能和中国现当代文学课程教育来看，中国现当代文学应当具备知识品格。文学本来便是普及知识教育的一种重要手段，也是影响社会思潮的重要途径，当前的文学创作仍然要继续保持和加强其知识性色彩，巩固其知识传播功能。而从文学教育上来说，中国现当代文学的知识品格就更加明显和重要。当下中国现当代文学课最基本的品格定位是以文学史为架构，以作家作品的思想内容、艺术特色为支撑的文学课程。因此，对文学教育来说，知识品格是其最基本的品格。

此外，从社会发展角度来看，当今正步入知识经济时代，在这一时代，知识的重要性更是不言而喻，知识已成为人们创造和收获物质和精神财富的重要手段。因此，中国现当代文学要更加注重其知识品位定位，以适应和促进知识经济时代下的个人和社会发展。

在实现和巩固文学的知识品格定位上，要求保持文学的严肃性和知识导向性，反对和抵制一切低俗文学，为文学的发展营造良好的、浓厚的氛围。在中国现当代文学教育上，要加快文学与社会对接的步伐；构建科学、合理的文学教育体系；通过多种途径来加强文学研究，在传承前人优秀的研究成果的基础上，不断推陈出新，促进文学的全面发展。

2. 审美品格

文学是我们获得审美的主要途径。文学本身既是一门科学，又是一门艺术，带有鲜明的艺术气息。如果说自然中的美是直观的，那么文学里的美便是需要人去用心灵仔细品读和发现的。文学的美主要体现在其对社会生活以及人类心灵的美的精华浓缩，相比于自然美，它更能抵达人的心灵深处，因此，古往今来，人类历史上才会流传众多经典的文学作品。

但在现今的文学教育中，只重视知识品格而忽视审美品格，只注重科学层面上的文学知识与文学技巧的教育，而忽略了人文层面上对文学作品“审美”品格的注意以及对文学的“审美”思考，这种局面值得深思和改正。尤其是在物欲横流、国际形势日益复杂、社会日益多元化的形势下，更要注意用文学这一表现形式来进行思考和交流，启迪人类的心灵。

3. 开放品格

开放品格是新形势下我国现当代文学的发展要求和发展方向。改革开放以来，中国加快了融入世界的步伐，中外文化之间的交流方式和交流内容趋于多样，并形成了开放、兼容的文化结构和文化体系，从而使得现代中国文学越来越具有开放性，这是一种良好的局面。

从文学本身来看，开放性也是其固有的特性。文学是面向全人类的，没有国别和地域限制。从文学的发展上来看，建立一种开放性的发生、发展机制，营造中国开放的、多元的文学艺术气息，加强中国文学与世界文学的交流与合作，是发展我国现当代文学的必由之路。因此，应当坚持和强化文学的开放品格。

三、中国现当代文学教学研究

（一）中国现当代文学史“三段法”教学

中国现当代文学史教学在高等院校汉语言文学专业大学本科生培养方案中占据着举足轻重的地位。本学科内容的综合性强，知识面覆盖广泛，教学难度较大，以往的教学在诸多方面都面临着严峻的挑战。随着我国高等院校教育思想和教学观念的改变，中国现当代文学史教学凸显的问题引起了研究界的广泛重视，而任课教师要求对本课程进行教学改革也逐渐转化为强烈的内在要求。为了适应时代的要求，为了保持本学科的生命力，为社会培养复合型人才，探索切实有效的教学模式已经成为当下一项重要而紧迫的任务。

现代教育理论认为，教育的功能将更多地从传授现存知识和培养现

有技能转向培养学生不断学习的能力，以使学生获得让自身可持续发展的途径与方法。教会学生学习，是当今时代教育的主旋律。中国现当代文学史课程的教学应该由以往以教师为中心转向以学生为中心，由以向学生传授理论知识为主转向以提高学生专业素养为主，由以培养专业化人才为主转向以培养复合型人才为主。要实现中国现当代文学史教学改革，就要克服现存的问题，采用“三段法”教学模式。

1. 课前准备

(1) 诵读识记法

注重学生对作品的诵读和识记，有利于学生想象力和感悟力的培养，让他们加深对文学意象的感悟，进而加深对作品情感内涵的理解，弥补课堂教学中的原典缺失。诵读使人在不经意之间，对朗读时产生的抑扬顿挫的语音、错落有致的节奏与独特严谨的结构拥有深切的体验，进一步感悟文章的真谛。每个学期开学初期，教师在课堂上规定一些学生本学期必须阅读和识记的篇目，在以后的教学中随时进行课堂测验，并将其作为平时成绩考核的内容之一，可在期末考试题中体现这些内容。同时，结合汉语言文学专业的特色建设，还可以定期举办诗歌诵读大赛，以便让更多的学生充分领略古今中外文学经典的永久魅力，完善知识结构，挑战自我，从中获得多方面的启迪和教益。

(2) 原著导读法

当下因为受到中学应试教育体制的束缚和语文考试模式的影响，学生很少阅读或几乎不读文学作品，从而造成他们知识面狭窄、文化底蕴薄弱。因此，应加大对原著的研读，让学生认真品读和体味文本，深刻体悟作品的魅力和内在价值。教师在开学初列出本课程必读的书目，以此明确阅读目标，同时为培养学生阅读文学作品的兴趣，可适当介绍一些基本的阅读方法，引导学生把自己的人生观、价值观和生命体验融入作品中，触摸作家思想感情的脉搏和引发对文化现象的思索，从整体上感受文学作品的思想内蕴、艺术风格、语言特色和结构特色。同时，教师还可以引导学生进一步阅读与必读作品题材、风格相同或相异的作品，这样既能扩大学生的阅读视野，又能培养学生主动阅读和学习探究的积极性。这样的知识获取，已经带上了学生自己的生命体温和思想肤色，自主学习的能力自然而然就形成了。

2. 课内训练

(1) 提问法

教师在讲授过程中，适时提出问题，指导学生通过独立阅读、思考和讨论等途径，创造性地解决问题。教师也要重视学生的发问，可在课前布置相关的自学内容，并督促学生提问。然后，教师通过引导、提示，让学生获取知识、形成技能和发展能力。教师既可以检查和了解学生对已经学过的知识和技能的掌握情况，帮助他们掌握学习重点，并突破难点，启发学生思维，又发挥了对课堂的主导作用，起到了最佳的教学效果。

(2) 讨论法

讨论法是学生在教师的指导下为解决某个问题而进行探讨，辨明是非真伪以获取知识、形成技能和发展能力的方法。恰当地运用讨论法，能充分调动学生的学习积极性、主动性和创造性，增强他们的学习兴趣，让学生真正参与教学。在教学中，教师多方位地追求师生互动，要围绕教学中的重点、难点和疑点，精心设计若干个能激发学生思维的问题。比如在讲授曹禺的作品时，可以这样提问："《雷雨》为什么是中国话剧成熟的标志？它的民族性特点具体表现在哪些地方？"这样的问题不仅可以很好地将阅读文学作品落到实处，又可以给学生留出较大的思维空间进行讨论。讨论法教学可以有效促进教师与学生之间的对话和沟通，让学生以主体姿态参与课堂教学，并展开积极主动的学习与创新活动。

(3) 比较法

《基础教育课程改革纲要（试行）》指出，教师在教学过程中应与学生积极互动、共同发展，要处理好传授知识与培养能力的关系，注重培养学生的独立性和自主性，引导学生质疑、调查、探究，在实践中学习，促使学生在教师的指导下主动地、富有个性地学习。比较是对文学作品理解、分析、综合和下定论的基础，比较分析是否充分，甚至会影

响得出结论的客观性和公正性。在教学过程中，运用比较的方法具有省时、高效、令学生印象深刻等优点。教师通过一个问题的不同答案和不同思路，组织学生对多种答案及多种思路进行比较选择或者将类似的作品放在一起进行比较，从而激活学生的思维，培养创新精神。譬如，可以将曹禺的《日出》、张爱玲的《沉香屑·第一炉香》和张恨水的《啼笑因缘》放在一起教学，这三部作品都描写了年轻女性沉沦的故事，她们沉沦的原因不同，结局也不尽相同。《日出》采用略前详后的叙述方法，开场就交代陈白露是有名的交际花，虽然她也曾有过活泼、纯真的时期，但最终沉沦了。她的堕落有社会的因素，也有自己复杂的性格因素，她的悲剧也是对"损不足以奉有余"的社会控诉。《沉香屑·第一炉香》采用详前略后的叙述方法，描写了葛薇龙从一个纯真朴实的少女，受到上流社会物欲情欲的腐化，一步步走向荒唐堕落的深渊。《啼笑因缘》的故事则采用详前详后的叙述方法，给我们展示了爱慕虚荣的沈凤喜是如何堕落，又如何受到"应有"的惩罚的。通过横向和纵向的比较阅读，既能增强学生对原著的阅读兴趣，又能加深其对作品的理解和认识，从而取得极佳的教学效果。

（4）情景法

情景法是根据文本所描绘的情景，通过鲜明的图画、生动的语言和音乐的感染力，再现文本所描绘的情景表象的教学方法，使人如临其境，如闻其声，如见其人。在教学中，教师将文学史的授课内容按照章节分成若干个相对独立的部分，与此相应地将学生分为若干个小组，每一个小组对应一个授课内容，而小组成员作为一个集体，共同准备这一节的授课内容和授课形式。小组成员之间必须做好职责的分工，并提前做好授课内容的资料收集、研读和归档整理工作，最后形成讲稿，制作成 PPT。上课可由一个人主讲，也可以采用多人接力讲的形式，时间一般限定在 15 分钟以内。然后根据所讲的内容，小组成员通过表演的方式，生动、直观地把本次授课内容中的重点和亮点展示出来。最后，由授课教师根据本节课的情况，做查缺补漏和因势利导的工作，深化、拓展本节课的内容。这样的教学模式，既提高了学生学习的积极性，也培养了学生的动手能力，还锻炼了学生的口头表达能力。而且，教师在听课过程中也可以反观自己的教学，并不断改进教学方法，如此一来，能取得“一石三鸟”的教学效果。

3. 课后强化

(1) 专题报告法

既要重视学生在课堂教学中的习得，也要重视学生在课外阅读中的习得，指导学生将课内习得与课外习得有效地融为一体，提高学生综合学习的能力，而采用专题报告法可以取得最佳效果。教师可将教学内容进行分解，协商后让学生以个人或小组的形式准备发言主题内容。学生在课余时间进行广泛阅读和收集资料，并就此写出发言提纲和报告，以便在课堂上发言；课堂上以学生发言和讨论为主，教师适时进行指导和点评。这样的训练能让学生成为课堂的主角，教师则扮演引导者的角色，学生不再被动地从教师那里接受僵化固定的知识和思想，而是在自我感受和思考的基础上，通过相互争鸣获得知识，从而由被动的接受性学习变成主动的探究式学习。

(2) 鉴赏写作法

文学作品鉴赏能力是文学专业学生的基本功。在没有任何可参照评论资料的情况下阅读一部作品，如何综合个人、时代和文体等因素，对这部作品的文学价值和审美价值做出恰当和准确的判断，无疑是对文学专业学生的基本功和专业素养的极大挑战。教师可通过讲解中国文学鉴赏的基本要点、写作的基本范围和基本路数，使学生充分感受到，即使是最能体现作者个性的赏析文章也都是有章可循，并具有操作性和写作规范的。教师可在开学初布置作业，要求学生根据自己的喜好选择作品和拟定题目，而选择的对象以标志性作家和标志性作品为主，或选择较为冷门的作家作品，要求撰写不少于 1500 字的赏析文章，期末交稿，并计入平时成绩。

(3) 论文规范法

只有切实重视写作训练，并采用合理的训练手段，学生所学的写作知识才能转化为写作能力。教师可通过布置学年论文和毕业论文，让学

生完整地经历课题研究的各个环节，在强调遵守学术规范的前提下，激发学生参与课题研究和创新实践活动的热情。为了达到这一目的，教师可采用切实可行的训练方法：在专题研究的基础上，引导学生课下自主选题，独立撰写开题报告，并在课上讨论交流；教师提供文章，要求学生为其拟定标题或者根据正文内容撰写写作提纲；要求学生进行构段练习，撰写若干个不同类型的论文；引导学生在认真阅读文章之后，写出评析性短文；适当指导学生撰写篇幅较为短小的学术文章。这样的训练，能够培养学生独立发现问题、提出问题、研究问题、解决问题并形成研究成果的能力。

中国现当代文学史“三段法”教学是密切而有机联系的整体。课前准备是教学的基础，课内训练是教学的关键，课后强化是教学的保证，只有三者完美地结合，才能促进学生的认识能力、表达能力和研究能力的发展。只有勤于思考，勇于探索，善于比较研究，才能探索出一套既符合中国文学史教学精神，又切合教师自身实际和学生实际的教学方法，才能推动高校教学改革的持续、深入发展。只有在充分调动学生学习积极性的基础上，教师的教学投入才能真正收到实效，教学质量才能不断提升，中国文学史的精髓才能内化为学生的创新思维和创造能力。

（二）中国现当代文学课程教学改革措施

中国现代文学和中国当代文学同为教育部规定的二级学科课程，也一直是高等院校汉语言文学专业的必修课程、人文社科类专业的基础课程，是大学生人文素质教育的重要课程之一，其重要性可见一斑。但值得注意的是，人们的精神世界不再全由文学组成，与严肃文学相对的网络文学大行其道，带来低质、下沉的内容，消解了文学的功能。如何激发当代大学生对现当代文学的学习热情，如何通过现当代文学的学习提高大学生的实际应用能力是高等院校教学面临的严峻课题。因此，现当代文学课程的教学改革就显得尤为重要。

1. 课程内容的调整与课程体系的构建

课程体系建设应秉承创新意识和社会需求的原则，设置多元化的教学课程，充分体现课程的应用性和针对性；应根据当代学生的个性发展需求和社会需要来设置适当的选修课，培养学生的实践能力，为学生将来所从事的实际工作提供帮助。在中国现当代教学大纲对课时一再压缩的形势下，应对课时比例的设置和课程内容进行适当的调整。但课程内容的调整不是简单地随着课时减少而删减内容，而是在教学目的、要求的指导下对全部内容进行有侧重点的统筹考虑，做到课堂教学内容重点突出并具有启发性，同时激发学生的学习兴趣。

2. 适当改进教学方法和手段

传统的教学模式中，教师以传授知识为主，学生以听课为主，而现当代文学又多以文学史的理论为教学内容，这样很容易使学生的注意力游离于课堂之外。这就要求教师思考如何对教学方法和教学内容进行改进。无论采取何种教学方法，都应以培养和训练学生“听、说、读、写”的能力为主。

“听”的方面：可以抓住学生的个性特点，以丰富有趣的多媒体授课方式，保持学生在课堂上思维的活跃度。

“说”的方面：教师应主动让出课堂，让学生做课堂的主人，采用分组讨论、学生演讲展示或者表演式阅读等丰富的课堂教学形式，引导学生将阅读能力转化为语言能力。

“读”的方面：教师应选取适合教学目标和学生特点的文学作品指导学生阅读，让学生在阅读中领略作品的精髓、思想内涵，提高学生的文学审美能力，使学生能做到研究性阅读。

“写”的方面：学生阅读、分析的能力最终要通过写作来检验。平时各个教学环节也穿插着对学生写作能力的训练，如课堂笔记、阅读笔记、课堂讨论的发言稿，等等。教师可以对学生选择独特视角、寻找写作切入点做出相应的指导，从而提高学生的文字表达能力。

第四章

汉语言文学的实践教学探析

第一节　汉语言文学中的语言学教学

一、汉语语言学的教学现状

（一）转换教学主体，优化课程设置

汉语言知识重在理解，而理解则需要将学生的主观能动性调动起来，也就是说使学生在汉语言文学课堂上占据主体地位。在传统教学模式中，一般是以教师授课为主，学生被动学习，出现了本末倒置的情况。因此，在汉语言文学课堂上，教师应该转变以往的教学观念，要以学生为主，进而创新教学模式，提高学生学习汉语的主动性。在高等教育体系中，汉语言文学的课程有必修课和选修课，必修课一般为汉语言文学专业学生在高等教育阶段必须学习的专业课程，而且必修课对学生的要求也比较高，主要体现在文学修养和专业知识方面。汉语言教师在教学过程中，要注重加深汉语言文化知识，并且要将汉语言知识延伸到相关的其他领域中，从而丰富学生的专业知识和文化修养。选修课一般体现在学生实践方面，也就是实践课，其主要目的是提高学生的汉语言实际应用能力。选修课的设置为学生未来的就业奠定了一定的基础、为学生增加了更多锻炼的机会。教师在实践课程教学过程中，要将教学内容与当下的新形势相结合，同时向学生传授汉语言在现实生活的应用情况，让学生在学习中获得收获。在专业课和实践课教学过程中，最终体

现的效果是有所不同的，因此，教师可以根据这种不同优化课程设置，从而促进汉语言学生的全面发展。

（二）技术教育向人文教育转移

教育的形式主要体现在技术方面，教育的实质主要体现在人文方面。技术教育的目的主要是向学生传授知识和技术，而人文教育的侧重点则主要在于学生人格和素养的培养和提升。汉语言是中国传统文化传承的载体，带有浓郁的人文色彩。因此，学习汉语言文化，首先能够在无形中提高人的文化气质，进而丰富人的精神文化世界。由此可知，教师在教学过程中，除了向学生传授专业知识，还要向学生灌输真善美的人性理念，帮助学生树立正确的价值观和社会观。教师在教学过程中，要怀有一颗热爱教育、甘愿为教育奉献的心，时刻关怀学生，将自己的知识和正确的观念传授给学生，进而培养和提高学生的综合素质、民族意识以及人文精神。

（三）创新改革教育理念

随着社会和科技的不断发展，信息化时代的到来在一定程度上改变了教育理念。教育的方向越来越从重视学生的专业技能转向重视学生的人文素养。高校肩负着促进学生全面发展的责任，始终秉持着以学生为本的教育理念。在教育理念这场变革中，教师要发挥自身的引领作用，完善汉语教学体系，将学生的个体发展作为教学重点。在汉语言文学语言学教学过程中，要想将新的教育理念运用其中，就应该做到以下几方面：(1) 明确汉语教育的实质；(2) 重视培养和提高学生的文化素养；(3) 开设多元化的自主学习课堂，提高学生的自主能动性；(4) 引导学生将知识与应用相结合，提高学生的实践能力。对于教师而言，全新的教育理念具有一定的指导作用，教师应该以全新的教育理念为依据，针对目前教育的现状，创新教学方法，制定出可行而有效的教学策略，提升汉语教学效果。如果学习语言之后，不能将之与现实相结合，那么语言的学习就变得毫无意义了。因此，教师在教学过程中，一定要引导学生将知识进行实践应用。

（四）汉语教学的逐渐国际化

随着中国的发展和国际地位的提高，汉语逐渐走出中国国门向世界进发，这是一个客观的进程和必然的结果。目前，随着汉语国际化的进程，汉语教育也在不断走向国际化，汉语教育的组织制度越来越健全、师资队伍越来越壮大、国际化教材资源越来越成熟等等，都体现了汉语教育取得了一定的进展，在一定程度上推进了汉语教育国际化的脚步。

1. 组织制度逐渐完善

汉语教育组织制度的完善对汉语教育国际化实践具有积极的促进作用。新中国成立伊始，我国就将汉语教育视为一项很重要的外交手段。然而，当时的汉语教育组织制度较为零散、片面，并没有专门的组织制度给予保障。专门的对外汉语领导小组于1987年成立，全面负责领导和协调全国对外汉语教学工作。此后，相关来华留学生教育制度的制定也使汉语教育逐渐规范和完善。2004年开始，我国在国外设立了非营利性教育机构——孔子学院。2005年，国务院批准的“汉语桥工程”(2003—2007)，将汉语国际推广工作提升到国家发展战略的高度。2006年，国家又将对外汉语领导小组的名字进行了更换，更名为“国家汉语国际推广领导小组办公室”（“国家汉办”），这为汉语教育国际化奠定了制度基础。接着，国家汉办又陆续颁布了《孔子学院章程》《孔子学院中方资金管理办法》等规章制度，其目的是促进孔子学院办学质量的提高，以及完善汉语教育组织制度，进而促进和保障汉语教育国际化的可持续发展。国家汉办于2007年又制定了一系列的制度，如《国际汉语能力标准》《国际汉语教学通用大纲》等，为孔子学院的健康发展提供了切实有效的保障。2012年，国家汉办为了提高外派汉语教师的质量又制定了一些制度，如《国家汉办/孔子学院总部外派汉语教师管理办法（试行）》《孔子学院专职教师队伍建设暂行办法》等。汉语教育国际化相关组织制度逐渐开始变得更加具体和完善。

2. 汉语师资培养体系日趋立体化

汉语师资培养体系的立体化主要强调汉语师资培养体系的多维性和

时空性。在时间维度上，我国不断向众多国家派出孔子学院的中方院长、教师、志愿者，同时也为许多国家培养了本土教师。但是整体来说，本土教师的培养数量还是不能满足国外社会的需求。在空间维度上，不断拓宽培养本土教师的渠道，例如，我国与国外大学合作建立汉语师范专业。在后现代主义理论思潮及教育国际化理论的影响下，汉语师资培养体系日益完善与多元化，其重点体现在培养内容和培养方式方面。孔子学院的教师培养内容主要体现在课程内容涉及情意、知识和技能三大领域。本土汉语教师培养方式的多元化具体表现为：一是培训孔子学院的本土教师；二是建立外国本土汉语教师合作培养项目；三是招收外国学生攻读汉语国际教育硕士专业学位，设立外国奖学金。这种立体化的汉语师资培养体系充分利用了双方有利条件，提高了汉语教育国际化的主动权。

3. 汉语教育教材资源日益成熟化

汉语教育国家化的重要保障之一就是汉语教育教材资源，针对汉语教材的编写工作，国家汉办高度重视。目前，与汉语教育国际化相关的教材数量很多，其中不乏纲领性的教材——《国际汉语教学通用课程大纲》。随着现代信息化的发展，《国际汉语教材编写指南》也在网络平台上线，用户只要选定相应的指标，如教学对象、等级、话题等，系统会为用户提供相应的讲义、教材以及教学辅助材料，由此实现了汉语国际教育教材“从无到有，从有到优”的转变。与此同时，我国还建成了“教学资源版权数据库”，拥有版权产品 799 套 6642 册/件，其中教材 495 套 5782 册/件，教辅材料 304 套 860 册/件。另外，“孔子学院数字图书馆”正式启动会员制运营模式，新增连环画、党史国史、视频、外文书籍等资源，上线各类资源共 20 万种。全年共向 119 个国家 738 个机构赠售教材 75 万册。除此之外，国家汉办也提高了与国际的合作，共同开发和研制本土教材，如与英国剑桥大学出版社等合作开发中文教学资源。

4. 汉语教育实践活动日显文化性

在汉语教育实践活动中体现文化属性，这是汉语教育教学的非常重要的一部分，同时也反映了汉语教育国家化逐渐从语言转向文化，并且也逐渐向语言和文化相融合的多元趋势发展。这种多元趋势与来自全球各地不同背景学生数量的增加息息相关。从 2010 年至 2014 年，孔子学院（课堂）注册学员人数持续增加。2010 年学员数为 36 万人，2014 年则增至 111 万人，众多的注册学员为不同文化实践交流奠定了基础。这些实践活动具体包括开设中华文化特色课程、举办丰富多彩的文化活动等。比如，各孔子学院依据自身优势开设了各种各样的中华文化课程，全方位地介绍中国社会的全新面貌，如政治、经济、文化、民俗等，同时还有些孔子学院利用中华传统的节日，如春节、元宵节、中秋节等，开展一系列富有特色的活动，既能让外国人在活动中了解中华民族的文化，也能够让外国人感受中国文化价值，从而提高外国人对汉语学习的热情和对中国文化的兴趣。不管是课程活动还是文化活动，都突出了汉语文化的重要地位，同时也体现出了汉语语言和文化的国际交融态势。

5. 汉语教育发展路径越显多元化

随着汉语教育国际化的发展，汉语教育发展路径越显多元化，符合了全球化发展的多元态势。目前，汉语教育国际化的实施机构和途径主要包括了孔子学院（课堂）、跨境合作办学（如华南师大与印度尼西亚共建的“亚洲国际友好学院”）、汉语国际推广基地、各类的文化体验和文化之旅（如汉语夏令营、海外华裔寻根之旅等）。在汉语教育国际化进程中，孔子学院以及课堂数量也保持了不断增加的态势，由 2010 年的 691 个增加至 2015 年的 1500 个，分布在 134 个国家（地区）。其中，欧洲 41 国 426 所、美洲 19 国 701 所、亚洲 33 国 200 所、非洲 37 国 69 所、大洋洲 4 国 104 所。此外，汉语教育国际项目也日益多样化。例如，孔子学院陆续开发了一系列的国际项目，旨在提高汉语教育的国际化水平，主要包括“孔子新汉学计划”“理解中国”项目和“青年领袖”项目等。如 2014 年“孔子新汉学计划”向全球招收 34 个中外联合博士生，就读于北京大学等15所中国高校，通过实行开门办学、全国聘用导师的方式，开创了中外联合培养人文交流高端人才的新模式。汉语教育的实施将不同国家的语言与中华民族文化相融合，充分体现了汉语教育国际化也在不断地提高。

二、汉语语言学的教学新理念与新模式

（一）汉语语言学教学的改革

1. 教学改革的基本思路

近年来，汉语语言学的改革主要围绕着课程体系、教学内容、教学方法、人才培养模式、教材建设等方面开展。随着教学改革的发展，学术界涌现了大量的研究成果，其中包括对目前汉语语言学教学中存在的问题进行的分析总结。目前，在汉语语言学教学中存在的问题主要有：（1）教学方面，教学内容脱离语言实际，教学局限于教材内容以及教材内容滞后，教学手段单一而且带有一定的形式主义；（2）学科方面，分工不明确；（3）学生方面，学习被动，没有学习动力；（4）学时方面，压缩严重。

目前，汉语语言学课程的目标没有很好地达成，大多数的学生并没有完全掌握好基础知识，语言应用和表达能力也比较薄弱，书写能力也有待提升。学生在课程学习的过程中，学习动力不足，主动性不强，创新性不足。因此，在现代汉语教学中，基于成果教育OBE（Outcome－based Education）课程理念，结合现存问题和学科特点，构建新型教学模式，是提高学生专业素养的关键，也是教学改革的必然求。20世纪90年代，OBE教育理念兴起，这是一种以学生学习成果为导向组织和开展教学活动的教育模式。基于OBE教育理念，对汉语语言课的教学方法、教学内容、教学评价等方面进行改革，提高汉语语言课的教学效果，提高学生的学习主动性和学习质量。

基于OBE教育理念，汉语语言学课程的目标应该从知识层面延伸到能力层面，主要是培养出与未来职业相符的优秀人才。教师可以借助

网络技术改革教学方法，调整教学过程中教与学的比例。在教学过程中，要以学生为本，明确学生是整个教学过程中的主体，教师的教要为学生的学服务，在课堂上转变教学主体地位。在课堂上，教师可以设置一些问题，引导学生进行交流讨论，并将讨论的结果在课堂上进行分享，教师则要及时进行点评反馈，这样才能够提高学生学习的积极性，培养学生团队合作的精神。教师在贯彻以学生为本的教学原则下，在课堂上进行教学改革实践，可以在课堂上增加教学互动，如在课堂上可以设置让学生之间进行互相提问、互相分析、互相评价等环节，每个环节教师要全程参与，及时做出引导和点评，这样能够提高学生学习的主动性，培养学生思考问题和解决问题的能力。

传统教育理念一般关注的是学科内容的逻辑结构，在课程设计时，一般将学生的兴趣和需要作为重点，主要是为了提高学生的主观能动性；而 OBE 教育理念则是以学习成果为导向，培养学生运用自己所学知识解决实际问题的能力。在传统课程设置上，要加强汉语语言学理论与实践相结合，以 OBE 教学模式为依据进行教学改革。在课程实施的过程中，要遵循以下几个步骤：（1）预期学习成果的明确；（2）学习反馈的跟进；（3）教学流程图的建立；（4）教学监督、反思和评价的完善；（5）下次课程学习内容的提前发布。

2. 高校汉语语言学课程教学改革对策

（1）充分考虑学生的实际情况

在教学过程中，教师要综合考虑学生的基础、认知能力以及兴趣，根据学生的基本情况安排任务，可以通过分组的方式提升学生的整体水平。教师在课堂上要善于运用互动讨论式的方法，开展一系列的教学活动。教师可以设置一些主题或者是问题，让学生进行分组讨论，学生经过资料查阅、分组讨论交流等形式得出结论，可以提高他们处理问题的能力和团队协作的能力，也能够提高他们语言表达和交流沟通的能力。

（2）将教材内容与时代背景相结合

在汉语语言学教学过程中，教师要让学生充分地认识和了解语言，让学生在学习过程中树立正确的学习观念。在具体教学过程中，教师需要将教材内容和时代背景相结合，拓展和补充教材内容，从而体现教材的基础性，发挥教材的指导作用。同时，还能够提高学生在课堂上的学习兴趣，提高学生将理论与实践相结合的能力，进而提高学生解决问题的能力。

（3）建立线上线下混合教学模式

线上线下混合教学模式的运用，打破了传统的教学模式，教师可以利用网络平台，向学生分配学习任务，也可以让学生在线上进行自主学习。这样线上线下结合的模式，弥补了教学学时不足的问题，同时也提高了学生学习的积极主动性。

（4）多组织实践活动

在教学实践活动中，将教学中的理论知识与实践联系在一起，能够在提高学生语言应用能力的同时，提高学生学习的积极性和解决问题的能力。在实践教学活动中，教师也要充分考虑学生之间的差异，考虑每个学生个性发展，从而更好地培养学生获取信息、整理信息的能力，提高学生在学习中的创新性。在具体实施的过程中，教师要发挥自身的引导作用，在实践活动中对学生及时做出指导和评价。

（二）汉语语言学的教学新理念

1. 古代汉语语言学中的课程思政理念

（1）古代汉语语言学的育人价值

古代汉语是中国传统文化的重要组成部分，历经千年，其内容丰富多样、内涵博大精深，已经成为非常重要的思想文化宝库。古代汉语中蕴含着丰富的哲学思想、道德伦理。哲学思想中蕴含的宇宙观、大局观、人生观、社会观等等，都能够帮助学生树立正确的价值观念。道德伦理中蕴含的学习观、道德观、修身观等等，能够帮助学生树立正确的道德修养观。这些宝贵的文化财富能影响学生的行为举止、健全学生的人格品质、培养出社会需要的栋梁之材。

（2）课程思政理念下古代汉语教学创新途径

为了将思政教育更好地融入古代汉语教学中，必须进行教学创新。

对于教学创新，一般从三个方面入手，分别是教学观念、教学内容、教学方法。下面着重围绕以上三方面的内容进行深入探讨。

第一，树立“课程思政”教学理念。

在古代汉语教学中更好地融入思政教学，必须树立“课程思政”教学理念，古代汉语教师“课程思政”教学理念的树立，必须从几个方面入手：一是对“课程思政”理论提出的背景，以及“课程思政”的内涵和要求要有充分的把握；在教学中始终贯彻“立德树人”的教学根本任务，在教书的同时进行育人。二是“课程思政”能够丰富古代汉语的教学内容，通过围绕“课程思政”这一作用，筛选出相关的德育元素，在古代汉语与思政教育之间搭建桥梁。可以在传统文化中筛选出德育元素和具有中国特色的教学内容，从而促进学生思想和性格的良好形成；也可以从学生的实际情况出发，将专业理论知识与思政教学进行有机结合，挖掘二者之间的结合点，让学生在专业教育中得到思政教育。三是对课程思政和思政课程，要正确认识和把握二者之间的关系，不要将古代汉语课程变成另外一种思政课程。四是将古代汉语元素与现代生活相结合，使中国传统文化和古代汉语在现实生活中得到拓展，增加古代汉语的时代性。

第二，课堂讲授集中展示教学内容。

基于课程思政理念，在古代汉语教学过程中要将“少教多学”理念与课程思政理念结合起来。一是教学内容方面，要进行深入总结，选取精华部分。例如，围绕古代典籍《论语》就可以开展思政教育，《论语》本身就蕴含着丰富的思政元素，围绕《论语》中的学习观、信任观以及修身观等都可以开展相关的思政教育课程。在课前教学内容设计环节，教师一定要认真收集资料和分析资料，认真设计教学内容和教学方法。二是教学方法方面，教学要不断地进行创新，在课堂上要科学地教、创造地教，通过行之有效的方式将内容展示给学生，让知识通俗易懂，提高学生在课堂上的学习兴趣。

第三，翻转课堂精心引导。

思政教育往往是灌输式的和说教式的，也是比较枯燥的，很容易引起学生的反感。在古代汉语教学过程中，如果直接地进行思政教育，那么一定会引起学生的抵触情绪。因此，基于课程思政理念，古代汉语教学可以开展“翻转课堂”教学活动。一是在课堂上转变教师主体的地位，将学习的决定权交给学生，教师在其中发挥引导作用，提高学生对于学习内容和学习方法的自主选择性；二是教师要引导学生之间进行合作学习，可以让学生以小组为单位共同探讨一些问题；三是教师要增加与学生的交流，引导每一个学生进行深入思考，提高学生分析问题和解决问题的能力；四是在课后，教师要引导学生学会总结，增加学习内容，提高学生的学习自主性。

第四，第二课堂巩固提高。

在古代汉语教学中融入思政理念，这无形中增加了学生学习古代汉语的难度。开展古代汉语教学第二课程，能够很好地缓解这种情况。一是增加学生课外实践活动，可以组织学生参观与古代汉语课程内容相关的名胜古迹，将课程内容与实际相结合，既能够拓展教学内容、提高学生学习的兴趣，又能够促进学生对思政内容的思考。二是可以开展古代汉语知识竞赛，提高学生学习的主动性和积极性。三是可以引导学生对古代汉语中的思政元素进行评判和分析，甚至可以将评判和分析的过程和结果撰写成一篇论文，在这个过程中，引导学生进行深入思考。四是可以利用互联网，在网络上举办古代汉语论坛，进一步拓展古代汉语知识，提高学生对古代汉语的学习效果。五是开辟古代汉语思政教学微课堂。

目前，多数学生想了解更多古代汉语知识，但是又不愿意花费太多的时间和精力去学习。为了提高学生对于古代汉语学习的兴趣和欲望，可以开展古代汉语微课堂。虽然古代汉语微课堂的开展增加了教师的教学工作量，但是取得的教学效果是值得欣慰的。在微课堂教学过程中，需要注意以下三个方面。一是在课前，要精心准备古代汉语课程思政的课件；二是课程内容要与学生学习的兴趣相契合，对于课程的知识点要进行深入讲解；三是创新讲课方式，针对不同的内容可以采用不同风格的讲课方式。

2. OBE教育理念下的现代汉语教学

现代汉语是新闻学和传播学专业本科阶段学生的必修课，其目的主要是提高学生的语言表达能力和文字应用能力。成果导向教育，即OBE教学理念，“OBE”是英文“Outcome－based Education”的缩写，该理念重点关注的是教学过程中学生学习的成果，以学生在教学过程中能够取得的学习成果为目标，根据这个目标进行教学活动组织。

（1）增加教学实践

基于OBE教育理念，为了满足文学类专业学生专业技能提高以及之后就业的需求，在构建现代汉语课程体系的过程中要重视实践教学，提高学生在汉语听、说、读、写等方面的技能，在实践教学环节加强这几方面的训练，提高学生规范使用汉语的能力，促进学生普通话水平的提高。针对汉语语音部分的实践教学，可以在教学环节增加朗读的教学实践活动；针对汉字部分的实践教学，可以开展汉字书法大赛，也可以在课堂上播放汉字书写示范视频；针对词汇部分的实践活动，可以在课堂上进行新闻媒体语言材料展播，也可以向学生布置课下调查网络流行语和报刊规范化用语的使用情况。在现代汉语课程教学中，对于文字和词汇部分，教师要重点突出规范化教学，提高学生文字和词汇应用的规范程度；在语法教学中，要简要讲述学生已经学习过的理论知识，重点分析语言材料中的语法问题；在修辞教学中，要重点训练学生修辞手法运用的能力。

（2）优化现代汉语课程教学

第一，指导学生搜集语言材料。

OBE教育理念所强调的是教育的实用性。在现代汉语课程教学过程中，提高其内容的实用性，一般通过结合一些语言材料向学生传授理论知识，这些语言材料包括新闻稿件、广告用语、新闻采编与播报等等。在现代汉语课程实践教学中，通过应用大量的新闻传播案例，对新闻学和传播学专业学生的专业素养养成起到了重要的促进作用，不仅能够提高他们的语言表达和文字应用能力，也能够提高他们新闻采访和写作的能力。因此，在教学过程中，要让学生多多搜集一些语言材料，可以从电视中搜集，也可以从报刊中搜集，更可以从网络中搜集，既可以指导学生运用现代汉语知识对不同的语言材料进行不同的分析，如针对搜集的新闻材料，可以对其标题的语言特色进行分析，对新闻媒体语言的使用规范进行分析，对主持人的语言特征进行分析，进一步引导学生学习新闻材料中精炼准确的语言表达，也可以引导学生对这些新闻材料进行模仿写作，以此来提高学生的语言表达能力和写作能力。在教学过程中，教师也可以组织学生搜集一些媒体语言使用不规范的新闻材料，从而加深学生对语言规范性的认识。

第二，线上教学与线下教学相结合。

目前，高校普遍存在专业课程学时不够的现象，而线上线下混合教学模式的开展，大大地弥补了既定学时不够的问题。在线上线下混合教学模式开展的过程中，线上教学可以让学生自主学习一些理论知识，在课前环节，将教学资料（大纲、讲义、课件等）在学校提供的线上学习平台上进行发布；在课后环节，要及时布置作业，也可以安排一些让学生可以自学的内容。针对线上教学，教师可以通过对课后作业的完成情况以及线上回复更帖的方式，对学生的学习情况进行了解。课件中需要深入讲解的内容，可以采用微课和慕课的方式对某一知识点进行详细讲解。而线下教学的重点是实践教学，在线下课堂上帮助学生解决自学过程中难以理解和难以消化的内容。除此之外，教师还可以充分利用学习群，教师可以在学习群布置作业。如让学生撰写新闻稿并发布一些写作要求，学生按照要求写完之后将新闻稿上传到学习群，通过小组之间互相批改的方式，找出新闻稿中语法或者语言使用不规范或者不恰当的地方，然后可以引导学生分析自己失误的原因，在小组内进行错误改正。在这个过程中，教师要全程跟踪，发挥其引导作用，帮助学生解决小组内解决不了的问题。

（3）优化现代汉语课程评价体系

基于 OBE 教育理念，依据学习成果的要求对评价方式进行一定的调整，丰富综合考评形式，将评价体系进行优化，将平时和期末评价相结合、将线上和线下评价相结合、将课内和课外评价相结合，构建综合

多样的评价体系。减少目标性评价，能够提高过程性评价在评价体系中的占比。过程性评价能够对线上和线下的学习活动进行评价。线上评价是要对教学视频学习、学习测评、讨论发言、活动参与等内容进行分别评价和综合评价，线下评价则要对学生上课的考勤、课堂上的表现、课后作业的完成情况等内容进行分别评价和综合评价。作为教师，在过程性评价的过程中要重视其考核质量，既要将课堂上学生参与互动、讨论等活动的积极性纳入过程性评价，也要将学生搜集资料的能力以及参加实践活动的投入程度纳入过程性评价。除此之外，也可以将学生在学生中的自我成长纳入过程性评价，从而提高学生对汉语语言学习的兴趣，提高学生主观能动性，促进学生在学习中不断成长、不断超越自我。

（三）汉语语言学的教学模式改革

1. 汉语语言学教学模式改革的意义

在传统教学模式中，主要是以教师教授为主，学生难以参与到教学过程中，教师也不能及时了解学生对课堂知识的学习和掌握情况，这违背了学生主体性的原则。虽然近几年来，有了一些改变，比如课堂上师生之间的互动增加了，学生课后的练习也增加了，但是这些改变远远是不够的。教学模式必须与目前的新形势和新情况相结合，及时做出调整，不断进行优化，这样才能不断提高教学质量。为了提高学生的人文素养和综合能力，高校开设了通识教育和专业拓展课程。但是，专业课程的学时受到了严重影响，学时有限，给教学目标仍然要更好地完成带来了难题。在中国文学类课程中，汉语语言学是非常重要的一门课程，它具有较强的工具性和实用性，对文学类专业学生的就业起到了很大的帮助作用。

因此，为了更好地完成教学目标，提高教学成效和教学质量，提高学生主观能动性，培养学生的语言素养，满足文学类专业学生的就业需求，必须对汉语语言学的教学模式进行改革。

2. 汉语语言学教学新模式的改革

（1）教学方法改革

目前，高校汉语语言学教师在教学过程对教学方法进行了不断地改革，也有了一定的成效。因此，逐渐出现了众多关于汉语语言学教学改革相关的研究成果。经过众多学者的不断努力，在吸取前人经验和研究观点的基础上，形成了一些切实可行的教学方法。目前，汉语语言学课堂教学模式中，主要是以教师讲授为主，在课堂上辅以提问、讨论、展示等教学形式。

第一，教师讲授。汉语语言学具有较强的理论性，因此，在课堂上教师的讲授是非常重要的。在课堂上，教师的讲授要具有简单易懂、生动有趣、详略合理的特点，否则对于汉语语言学中一些抽象的理论学生是很难理解的，无法在脑海中构建知识框架。这就要求教师不但要不断提高自己的专业素养，还要不断提高自己的教学能力和驾驭课堂的能力，将原本枯燥的课堂变得生动有趣，从而提高学生在课堂上的学习兴趣。除此之外，教师还要提高自己对教学内容筛选的能力，要对重点难点和非重点难点内容进行有效区分，在课堂上详细讲述重点难点内容，简要讲述非重点难点的内容，对于一些比较容易理解的内容，可以让学生进行自主学习，这样在提高学生的主动性的同时，也提高了课堂教学的效率。

第二，课堂提问。在课堂教学环节设置课堂提问，能够促使学生在课堂上认真学习。通常情况下，教师上课时需要面对众多的学生，无法兼顾每一位学生。尤其是在大学阶段，一般同一节课中的学生可能来自不同班级或者不同专业，人数众多，教师更是无法兼顾每一位学生，在课堂上进行提问，能够促进学生聚精会神地听讲。除此之外，课堂提问也能够让教师了解到学生对于知识的学习和掌握情况。

第三，课堂讨论。在汉语语言学教学过程中，教师会在课堂上让学生针对一些问题进行讨论，让学生发表自己的看法和观点，能够充分调动学生的思维，教师在讨论的过程中要充当引导者，要引导学生进行讨论。通过讨论，能够让学生对已学的知识进行消化吸收并提高对理论知识的灵活运用能力，同时也促进了师生之间和生生之间的交流。讨论通常采用两种方式，分别是学生小组讨论和师生共同讨论，因为课程的学

时是有限的，所以教师在讨论过程中要控制讨论的时间。

第四，课堂展示。课堂展示指的是教师课前或者课后布置作业环节向学生布置的研究内容，学生以小组为单位，在课下进行讨论并将讨论和研究的结果制成课件，在课堂上派小组代表在讲台上进行展示的一种方式。课堂展示一般占用的时间比较多，考虑到有限的学时，一般在每学期进行一次即可。课堂展示的最终目的是让学生体现和感受知识从输入到输出的过程，课堂展示能够提高学生的主观能动性。

（2）教学新模式的实施

第一，以线下教学为主。线下教学指的是传统的面授教学，也就是课堂教学，其最大的优点就是在教学过程中，教师和学生能够面对面地沟通交流和进行教学活动，在课堂上教师可以随时观察学生的反应，通过课堂提问和讨论了解学生学习的情况。线下教学，师生之间的互动是面对面的，是比较直接的，教师对于学生听课的积极性可以进行更好调动，学生的积极响应也能够调动教师讲课的热情。同时，课堂上，教师讲授课程内容的过程具有条理性，取得的教学效果是最佳的。

第二，以线上教学为辅。互联网时代背景下，产生了一种新的教学方式线上教学。目前，高校教学中应用众多的线上教学方式。尤其是新型冠状病毒疫情防控期间，线上教学更是广受推广和应用。教师从开始接触线上教学到能够熟练进行线上教学，都为之后线上教学的进一步开展打下了基础。

第三，逐步实现线下线上同步混合教学。线下教学和线上教学都有各自的优点，在之后的教学中，可以将线上和线下教学进行有机结合，充分结合和发挥二者的优点并逐渐实现线上和线下的同步教学。线下教学仍然按部就班地完成课堂教学的任务和目标，把因为学时有限不能深入讲授和无法在课堂上进行的任务留到线上教学中，充分发挥网络平台辅助教学的作用，将学生课余的时间充分利用起来，帮助学生扩大知识面，提高学生的学习效率。

第二节　汉语言文学中的古典文献学教学

一、古典文献学的教学现状

（一）古典文献学的内涵

1. 古典文献学的概述

古典文献学是文献学下属的二级学科，地位非常重要，其本身具有强烈的历史性和综合性，与传统文史学之间的关系非常密切。其学科内容包括“古籍版本学”“目录学”“典藏学”“校勘学”“辨伪学”“辑佚学”及“古代汉语”的分支学科——“文字学”“音韵学”“训诂学”等，体现了我国古典学术的核心内涵。

在高等教育体系中，正式命名“文献学”这个学科的时间是比较短的。目前，对于“文献学”的定义存在一定的争议。“文献学”在不同的一级学科下有不同名称：在一级学科“中国语言文学”下其名称叫“古典文献学”，在一级学科“历史学”下其名称叫“历史文献学”，在“图书馆、情报与文献学”下其名称叫“文献学”。这三个二级学科共同点都是面对众多的文献，但是其侧重点是不同的，前两者的侧重点是对文献的整理、考辨和研究，第三个的侧重点是对文献的编目、检索，而前两者之间又有你中有我、我中有你的密切关系。这种学科门类的定位，主要是借鉴了西方近代学科体系，因此，该学科在学术研究和教育教学改革的过程中，要符合现代化的要求，与时俱进。

2. 古典文献学的现代意义

中国古典文献学的内容主要体现在四个方面，分别为目录学、版本学、校勘学与典藏学，除此之外，还有众多分支，如辨伪学、辑佚学、注释学及编纂学等等。中国古典文献学作为一门学科，能够帮助学习者进入文史领域，也为相关研究奠定了基石，有学者强调对于古代文学的

研究应该将文献学和文学批评相结合。文献将语言文字作为表现符号，是中国文化传承的重要载体，古典文学以书籍的形式流传下来，凝聚了中华民族无限的智慧和经验。目前，出土文献、域外典籍以及数字文献为传统古典文献学增添了新的内容，其作用主要体现在以下两方面：(1) 它们提供了新材料，创新了研究方法，推动了学术研究；(2) 文献域外传播路径的重现促进了文化交流，增强了学术方面的自信。因此可以看出，古典文献学具有极其重要的作用，其价值也是不言而喻的。

3. 古典文献学的课程特点

中国古典文献学具有以下几方面的特点：(1) 所包含的专业术语比较多，而且具有较强的理论性；(2) 比较注重方法论和重视实践性；(3) 内容涉及的范围广，难度也比较大。中国古典文献学的研究对象主要是中国古代典籍，讨论文献是如何生成和流布的，其典藏和利用的规律是怎样的，加以分析、整理和研究，具有深刻的理论性和实践性。在中国上千年的历史中，产生的典籍不计其数，其中涉及众多学科，如天文、军事、哲学等等，这决定了中国古典文献学学习的难度，因此全国开设有该本科专业的高校仅有北京大学、浙江大学等七所，大多数高校则是在汉语言文学专业本科高年级开设这门课程，学时 32～54 不等，传授基础理论与方法。

（二）古典文献学的教学现状

“中国古典文献学”在高校中属于专业选修课，虽然授课时间不多，只有三十六个课时，但是其所涵盖的知识是非常广泛的。所以，很多时候，学生能够在这门课程学习到很多东西。但是需要注意的是，教师在教学过程中应该注意教学的方式和方法，毕竟“中国古典文献学”的知识相对来说比较枯燥，所以教师要注意运用启发式、体验式等教学方式或者加入多媒体的运用，切实促使学生提升自身的主动性与积极性，从而获得更好的教学效果。

1. 以问题为中心的启发式课堂

以问题为中心的启发式课堂，指的是教师在教学中应该多利用一些问题来对学生进行启发，促使学生针对问题进行思考，有的教师会在教学中充分利用教材上的练习题。在完成练习题的过程中，学生会结合自己学过的内容来进行思考，这样就会使学生在这个过程中锻炼自己的能力，不仅对于知识进行掌握，还学会如何进行知识的调动去解决问题。在这个过程中，教师能够对学生的问题处理情况进行反馈。此外，不管是在教学前还是在教学后，教师都可以促使学生在这个过程中去利用问题进行自主探究。这样的启发式教学能够帮助学生充分掌握知识、提升能力。

2. 学生亲身阅读的古籍文本体验式学习

教师不仅要充分促使学生在学习过程中对于知识进行相关的复习，还要组织学生开展一定的阅读实践活动，具体来说，教师可以结合教材上的内容让学生去阅读相关的书籍，促使学生开展相关的阅读拓展活动。在这样的情况下，学生不仅会更好地掌握知识，还会拓宽自己的知识面，从而增强个人在古籍文本阅读方面的能力。举个例子来说，在教授教材中“目录学”的相关知识后，教师可以给学生提供相应的目录书，比如《汉书·艺文志》《隋书·经籍志》《四库全书总目提要》在教师推荐的基础上，学生可以结合自己的兴趣去进行阅读。之后，学生可以分享自己的阅读体会。

有的同学在教师要求的基础上还实现了自己的创新，比如有的学生进行了对读活动，将《隋书·经籍志》的《楚辞类小序》和《四库全书总目提要》的《楚辞类小序》进行一定程度的对读，这样更容易了解到相关的规律，更好地掌握知识。在这样的情况下，教师可以发现学生的学习能力实践能力也会有所提升。这样一来，学生不仅了解到相关的书籍在目录分类中的地位、作用，还能切实感受到古典目录“辨章学术，考镜源流”的重要作用。

3. 教师充分运用多媒体 PPT 教学

如今，随着计算机技术的深入发展，教师在教学中可以利用的技术越来越多，比如教师可以利用多媒体呈现非常多的图片，此外教师还可

以结合一定的实物来帮助学生加深理解，以此促使学生更好地理解古典文献学中的一些知识，比如目录、版本、校勘等。这些知识在古典文献学中其实是十分枯燥的，学生学习起来如果不借助一定的方法，不但难以掌握，而且会失去一定的兴趣。而教师利用多媒体呈现适当的PPT，能够在适当程度上增加学生的学习兴趣，帮助学生更好地理解。比如在教学第一章《古典文献的载体与类型》时，教师可以结合多媒体为学生呈现一些博物馆中的事物，让学生在视听结合的情境中进行学习，加深对于知识的印象。

再如，在教学“古籍纸书的装式”时，教师可以将实践教学和理论教学结合起来。在讲完相关的知识后，教师可以要求学生去结合实际的一些材料实际进行古代纸书的装式，开展手工实践活动。这样的方式能够促使学生掌握知识、体会知识、运用知识，帮助学生更好地内化知识。可以发现，在这样的趣味活动中，学生能够积极参与，能够充分发挥自己的主观能动性。这样一来，学生的创造性也能够得到发挥。比如，在这样的活动中，有的学生制作了卷轴装、蝴蝶装、包背装、旋风装等等，有的学生制作了经折装、线装等，而且他们中间还开展了一定的竞赛。这样不但促使学生有效运用知识，还能够充分发挥学生的创造性。

4. 文言文标点翻译训练贯穿课堂教学

要想更好地阅读古籍文献，就需要打好文言文阅读基础。在这样的要求下，教师要注重学生文言文阅读能力的训练。文言文阅读的过程，是学生将古文转化为现代文的过程，这一过程的完成需要学生具有扎实的知识储备，具有灵活的语言运用能力。在教学过程中，教师应该帮助学生切实锻炼这种能力。如今相关的教材中，已经加入了很多古典文献段落，都能够切实帮助学生进行文言文翻译训练。

5. 理论知识与实例相结合的讲授

古典文献学的学习不仅仅是理论方面的学习，还有实践方面的学习。要想提升学生的文献处理能力，教师就需要切实帮助学生学以致用。在进行理论方面的学习时，教师可以结合相关的实例，以此让学生能够在这个过程中充分将自己的理解和实际结合起来。比如，教师在教学“验牌记”（一种版本鉴别的方法）时，可以促使学生将古典文献的“牌记”与现代图书的“牌记”充分结合起来，进行对比。这样在对比中，学生能够对古代版刻书的牌记特点进行充分认识。

在教学中，某一本教材就是一个生动的例子，教师可以以教材为例，让学生去实际观察版权页是什么，在观察的过程中了解清楚书名、作者、版次、出版时间、出版地、印次、书号等信息。有的信息所反映的内容是十分丰富的，比如通过版次、印次就可以看出一本书的销售情况。如果一本书被刊印很多次，那么证明这本书应该是很畅销的。而如果印次很少，则说明书籍的影响不是那么大。这样，学生可以借此判断一本书的情况，在之后的读书治学实践中有所借鉴。

二、古典文献学的教学改革与创新

（一）古典文献学的教学改革措施

1. 坚持文献学本位

坚持文献学本位，在改革古典文献学教学方面有着十分重要的地位。古典文献学的学科性质，要求必须坚持文献学本位，在这样的情况下，有学者指出，古典文献学教学应该注重本土化，不能和西方体系那样只重视认识性教学，而是要切实结合古典学术的学理特征及古籍概况去实现“养其大者”。关于怎么“养其大者”，学者指出，应该重视学术史的宏观视野，达到“至境”，然后要充分把握根本，选择经典作品进行分析，实现“知行统一”。应该说，古典文献学旨在促使学生掌握该学科的体系知识，让学生能够在浩如烟海的文献中发现问题、解决问题。这样的能力也被学界称为“学养”。学生的“学养”的培养，不是一朝一夕的事情，而是一个通过不断训练和强化的过程。

古典文献学，旨在帮助学生掌握系统性的知识，促使学生锻炼阅读的技能。可以说，坚持文献学本位，是古典文献学的教学重点之一。在

坚持文献学本位的基础上，古典文献学学科教学还要注意运用新的方式和方法。

首先，如今已经是大数据时代，每个人都是大数据的一分子，通过网络和大数据，人们能够非常容易地得到文献相关的遗藏。在古典文献学这门学科中，学生不仅可以接触到文本文献，还能接触到音像文献、电子扫描文献等。一些新的文献形式，能够促使文献得到更好的保存，也能够促使学生更生动地认识到文献的特点。

其次，在古典文献学这门学科中，离不开实践教学的开展。教师在这门学科的教学中仅仅凭借理论讲解是不够的，很多知识还需要通过实践让学生来了解，比如说在讲到公文纸、竹纸、皮纸、高丽纸的时候，教师仅仅从理论方面去讲解这几个方面的特点是不够的，可以通过让学生实际摸一摸这几种纸张来体会之间的差别。再举个例子，对于拓印技术、古籍装帧修复技术，教师口头上讲得再多，都不如让学生进行实操。学生经过实际操作之后，能够更好地掌握相关知识。

事实上，以上两方面都体现了对于文献学本位的坚持，同时也能够将现代技术如大数据适当融入其中。

有学者认为，大数据是指利用现代信息技术对信息进行搜集、存储、分析等处理的一种手段。虽然大数据具有大容量、高速度等特点，但也会在一定程度上导致人们的阅读扁平化。以抖音为例，如果一个人在抖音看某一种类型的视频，那么大数据就会更多地给这个人推送这种类型的视频。这样就很容易造成“信息茧房”。所以说，大数据也有弱点，但是这种弱点在某种程度上正好可以用古典文献学的学科本位来消弭。面对大量的书籍，“目录学”能够让人们系统能够地查找与运用资料。很多学者都对于目录学给予了高度的评价。面对大数据，传统目录学正好可以帮助人们抽丝剥茧，以自身学养分别、辨析、研究海量的信息。

2. 拓宽大数据视野

上文提到，大数据在古典文献学教学改革中也有着重要的作用。为了适应时代的变化，教育者和学习者都要具备一定的大数据视野，紧随时代的变化而变化。大数据对于古典文献学的影响主要表现在以下两个方面。

一方面，在古典文献学这门学科中，大数据能够帮助学生获得海量的学习资源，学生能够借助网络灵活地获取自己所需要的知识。这样一来，在教学的过程中，教师可以借助大数据来了解学生的学习需求，学生也可以借助大数据来灵活自己的思维，从而更好地参与到和教师的互动中去。可以说，只有学生和教师掌握的资源是处于一个平等的地位时，才能更好地展开充足的互动。

另一方面，大数据也有助于优化教学环境与教学手段。在大数据的支持下，智慧课堂、多媒体技术等能够越来越多地运用到教学过程中去。在这种趋势下，古典文献学课堂也能够变得更加立体生动、灵活有趣。而且，借助大数据、网络技术等，教师的教学也不再仅仅依赖口头讲解，而是结合多种多样的方式为学生提供更加丰富的引导。

3. 利用新技术护航

丰富的新技术，是大数据时代所提供给教学的最重要支撑。丰富的新技术，能够为古典文献学教学的顺利展开保驾护航。

第一，新技术的出现必然能够引起教学手段与策略的变革。但前提是教学观念需要发生一定的改变。如果教师在教学观念上还是因循守旧，那么不管出现什么样的新技术，他都难以在自己的教学手段和策略中加以运用，又何谈教学手段和策略的变革呢？因此说，新技术所引发的教学手段和策略的变革需要建立在教师观念的改变方面。21 世纪，在古典文献学中，教师应该充分利用新技术，做到讲论结合、历史现实结合、多图展示、资源拓展等等，让学生更好地参与教学。结合目前的课堂教学现状来看，很多教师在教学中可以做到上述几点。除了多媒体技术，翻转课堂、微课、慕课等形式的出现也可以帮助师生在教学中变得更加灵活。尤其是在这两年新冠疫情的影响下，线上教学的开展在某种程度上已经常态化了。2020 年上半年，很多学校都开展了线上教学，

将实体的课堂搬到线上，利用网络平台来进行授课，虽然一开始可能会遇到阻碍，但是越发展越好。这样一来，这些教学就为古典文献学的教学提供了一定的参考。

第二，新技术对于教学资源的选择产生重大的影响。以往，学生接受知识的途径可能只有教师的讲解，但是在新技术的支持下，学生能够获取到一些名师课程以及一些其他方面相关的资料，这对于学生的发展有着十分重要的帮助。就古典文献学方面的名师课程来说，山东大学杜泽逊教授、南京大学武秀成教授、北京大学安平丘教授等人的课程都是比较知名的，这在某种程度上说明网络教学资源的普及度越来越高。在这样的背景下，教师更应该认清自己的角色，认识到自己是教学过程的参与者和辅助者，在结合相关资源的基础上，将学生主动性和积极性的调动作为教学过程重中之重。

第三，新技术的出现有利于检测与反馈教学效果。以智慧树网络教学平台为例，在这个平台上，古典文献学教学过程中的教、学、考、管等环节，都可以变成“数据”，这个平台可以记录教与学的全过程。比如说，学生的签到情况、学习时长、教学互动次数、作者完成情况等等，都可以通过数据反映出来。这样就可以促使学生和教师更好地结合相关的数据进行反思与总结。教师可以及时结合学生的学习情况去调整教学，学生也可以及时发现自己的问题。所以说，大数据为古典文献学在技术方面提供了不可忽视的支持，是“古典文献学”中十分重要的一个措施。

4. 实践体系化变革

大数据的发展背景下，体系化是古典文献学的教学改革的一个特点。参与教学的各个主体以及整个教学过程，都被提出了新的要求。首先，在实践体系化变革中，教师的能力和素质应该得到切实的提升。在大数据时代下，教师应该牢记自身的角色，即探究者、组织引导者、评价者等等。教师应该具备一定的责任感，随着时代的变化不断丰富自己，而不能得过且过。其次，体系化的变革同样给学生提出了一定的挑战，学生在学习过程中不能再满足于有限的书本知识，不能为了学习而学习，而是要积极拓展自己的资源，不断丰富自己的认知。与此同时，学生应该合理规划自己的学习。当然，学生在学习过程中的发展变化，需要教师提供一定的指导。学生自身可能难以主动发生以上的一些改变。所以教师为学生提供适当的指导是十分必要的。

此外，教师需要注意的是，不同学生在每个学习阶段的发展都不一样，而且学生自身的学习兴趣和特点等也存在着巨大的差异。因此，教师应该切实结合学生的学习特点来灵活处理教学方式和方法。举例子来说，对于本科生、研究生的教学方式和教学侧重点肯定是不一样。在古典文献中，教师应该帮助本科生掌握学科体系，让学生掌握知识为主，提升系统理解知识的能力；对于研究生来说，教师要让他们掌握学理。

在评价方面，传统的评价方式也需要得到一定的革新，在评价过程中，教师、学生和相关的教学管理部门应该切实参与进去，积极利用有效的手段来评估教与学，在反馈的基础上不断进步。

（二）古典文献学的教学创新

1. 古典文献学教材的创新

（1）教材章节内容的修订

目前，古典文献学的教材在重点讲述版本、目录、辨伪、校勘和辑佚的基础上，还增加了标点、注释和检索这三类内容。应该认识到的是，标点、注释和检索以及翻译，是本科阶段的学生在阅读古典文献时所遇到的最不容忽视的问题，只有提升学生解决这方面问题的能力，才能促使学生在古典文献学方面的学习效果不断提升。在相关的教材内容中，有对古籍标点致误类型和原因的分析，帮助学生正确句读，这对于学生正确、顺利地理解文章意思有着不容忽视的重要作用；还有章节对于注释的名称和术语等都进行了充分的分析，这对于学生的帮助作用也是巨大的。此外，在检索方面，古籍文献的检索包括纸质和电子两个方面。“古典文献学”相关的教材也对于检索的内容进行了编排，让学生通过学习掌握相关的方法。

需要注意到的是，相对于纸质文献，电子文献在如今的发展甚至更为重要，很多时候人们检索、阅读的是电子文献，可以说电子文献正在慢慢取代传统纸质文献。但是我们应该认识到电子文献的质量也是良莠不齐的。相关的文献工作者，可以给予教师与学生及时的指导，让他们获取一些质量优异且稳定性强的电子文献资源。如今，“古典文献学”的相关教材中也推荐了一些电子资源库，比如文渊阁《四库全书》电子版、《四部丛刊》电子版、古籍书目检索网络数据库和古籍全文检索网络数据库等等。并且，教材还对于检索的方法和注意事项等进行了翔实的介绍。尤其是，教材强调“不论检索光盘还是网络中的数据，如果要正式引用，务必要校核书籍的原文”，这就体现了很强的严谨性。

（2）整体更注重方法介绍和技能的培养

以上从标点、注释和检索等方面分析了教材的实践性，其实在版本、目录、辨伪、校勘和辑佚这五个方面也突出了一定的实践性和技能性。从本质上来说，其实版本、目录、辨伪、校勘和辑佚这五方面都属于方法的范畴。其本身就是整理文献的方法，但同时它们又在某种程度上表现出了一种学术的观点，也就是说对于古代学术的看法。从这样的基础上来看，中国古典文献学并不是一门纯粹的学问，也是一种方法、观点与技能。所以说，学生在古典文献学这一学科中的学习也是对于古典文献学的方法和技能的整理与学习。

举个例子来看，教材第三章第四节对于“版本的鉴别和选择”开展了翔实的分析。具体来讲，它对于版本形式、书籍内容和前人研究成果进行了分析，学生可以从这三个方面来对于鉴别版本的方法进行掌握，以此去鉴别古籍版本，选择好的版本进行使用。教材第四章“古典文献的校勘”第三节，参考了《校勘学释例》（陈垣所著）梳理总结的《校勘四例》，针对本校、对校、他校以及理校等方法进行了详细的论述，引导学生系统掌握校勘方法；教材第五章也提到了辨伪的方法和要点；教材第六章古典文献的辑佚中提到了辑佚的基本方法。由此可见，该教材能够帮助学生掌握文献整理方面的实用性强的技能。

(3) 在教材体例上的创新

为了帮助学生更好地进行思考和练习，在体例上教材也在每一章的后面设计了关键词、思考题、练习题和进一步阅读文献等内容。具体来讲，“关键词、思考题”等部分有助于引导学生开展复习活动，帮助他们对所学内容进行巩固，在巩固所学内容中学生也会得到新的理解。此外，“进一步阅读”这一部分，则是为学生列出了一些理论方面的书籍，其有利于学生不断将自己的知识储备有效提升。而“练习题”部分，教材则着重突出实践性以及师生互动性，旨在促使学生在练习有效掌握知识，实现更好地提升。比如说，教材第二章《古典文献的目录》这部分后面的练习题，要求学生以《四库全书总目提要》为基础，结合自己的专业或者兴趣抑或毕业论文的选题来撰写一份专题书目提要，自撰的东西应该自成系列，包含五种及以上图书。由此可见，教材注重促使学生运用知识，旨在让学生对于知识进行灵活运用。

再举个例子，教材第七章《古典文献的标点》后的练习，为学生布置出实践性的练习题，即要求结合《四库全书》，将唐宋笔记小说打印出来分发给学生，要求学生加标点，每个学生可以负责几页，之后再合到一起，教师可以对于学生的完成情况进行评价。这样的练习旨在让学生对于所学知识进行运用，有助于学生深入体会标点的作用。这样一来，学生能够在练习的基础上更好的内化知识，同时，学生也能够感觉自己参与到了古籍的整理工作中，那么学生的获得感也会显著提升。

2. 古典文献学分层教学方法的创新

(1) 教学实践

在运用分层教学的时候，教师应该切实分析教材。在古典文献学方面，大部分地区使用的教材是一样的，在这样的情况下，可以发现教材中的内容和教学目标可能会缺乏一定的针对性。尽管有的学生使用的是自编教材，也需要根据每届学生的实际水平调整教学内容。无论是国家规划教材，抑或自编教材，都容量有限，压缩了学生思考问题的空间。大部分教材对于理论比较偏重，对于一些实践过程却不太进行详细论

述，这就对学生的学习造成了一定的阻碍。

在分层教学实践过程中，特别要注意的一点是教学方法。每个学生的学习能力、学习特点都不同，如果教师不根据学生的特点来选择教学方法，那么就会导致学生在课堂参与度、师生互动等方面存在一定的问题。因此，教师在教学方法的选择方面一定要灵活。比如说，针对学习能力比较好、逻辑思维也比较好的学生，教师可以更多地采用讲授法。举个例子，在讲授目录、版本、校勘、典藏等知识的时候，教师可以在学生已经掌握相关学习内容的基础上，运用讲授法来进行微课的录制，将核心与方法等录制到微课视频中，帮助学生更好地进行灵活运用。需要注意的是，在教学实践过程中，讲授法一般结合讨论法、演示法等运用。此外，对于学习能力比较弱、逻辑思维不太好的学生，教师可以多运用演示法，这样可以让知识讲授变得更加生动。

在分层教学实践过程中，为学生布置任务是十分重要的一环。任务的完成情况可以反映出学生的学习情况。有学者指出，任务应该包括四个部分：教学目标、输入（指设计任务的资料）、活动、结论。以此为背景，有学者指出，任务的布置应该有三个步骤：第一步，结合课程的总目标来进行细分，比如可以根据每一章每一个单元进行细分，之后结合这些细分的目标来布置针对性的任务；第二步，教师应该引导学生参与到任务的完成过程中去，在这个过程中教师可以帮助学生拓展一些资料，引导学生将任务高效完成，在这个过程中教师应该对于学生的任务完成情况进行一定的评价；第三步，学生和学生之间、学生和教师之间，应该开展一定的讨论活动与相关交流，从而在完成任务的过程中得到更加广泛、更加深入的认知。这样的任务型教学方法，能够在古典文献学切实锻炼学生的实际应用能力，能够促使学生在理论学习过程中具备更多的自主性。而且，学生在这样的过程中也可以充分培养良好思维能力。在具体运用任务教学法的时候，教师应该切实分析所教学生的实际情况，根据相关情况来布置任务。比如说，对所有学生布置句读及翻译任务，但需要根据任务执行者的基础提供难度不同的文本。任务型教学遵循的原则是过程性和互动性，在适当的任务目标下，教师为学生提供必要的指导。

（2）考核方式

考核的方式在分层教学中开展中是十分重要的一环。不管在什么样的教学中，考核都是学生和教师检验学与教的情况的重要手段。因此，在分层教学法的实施中，教师和学生应该切实重视好考核方式的正确运用。

对于古典文献能够进行阅读理解是古典文献学这门学科最基本的要求。在对于学生进行考核的时候，必须考核学生这方面的能力。但是每个学生的学习基础和能力不尽相同，所以在进行考核的时候，教师可以针对学生选择不同的阅读文本。举个例子来说，《海陵丛刻》中部分别集文义晓畅，编刻者又有初步句读，比较简单，能够用来针对基础薄弱的学生进行考核。《海陵丛刻》尚无点校本，教师如果给每一个学生选择不同的篇目，那么就会避免学生之间相互抄袭，这样的安排能够更好地评价学生。

在古典文献学这门学科中，学生最核心的能力就是查找、甄别与归纳文献。这离不开目录书、索引、四角号码检字法等工具的运用，电子数据库的检索等，这些技能的运用是针对应用型人才的重点考核内容。

典籍叙录撰写、版本源流梳理、校勘四法的使用，在某种程度上反映了一定的研究性。这些内容是对于学术型学习者的重点考察部分，是学生文献学思维和意识的培养的重中之重。在古典文献学中，基础的是版本，校勘属于一种过程，而目录是结果。所以说，版本源流考、校勘、叙录撰写是一个比较复杂的整体过程，对于这些部分的考察能够体现学术型人才的研究基础。但是需要注意的是，在考核的时候，评价标准不应该定得太高。比如在校勘的过程中，校勘者应该能够读懂古书，在此基础上结合一些资料精心研究校对之处，发现一些问题，并通过改、增、删、调促使工作更加严谨。但是这样的过程对学生来说比较难，所以考核中应该对学生的校勘能力实行灵活要求。

3. 古典文献学多媒体教学手段的创新

(1) 多媒体应用的重要优势

第一，拥有丰富的信息。

多媒体对于信息的呈现是非常多样的，在多媒体的运用下，信息可以以视频、声音、图形等方式呈现出来。在古典文献学中，多媒体因为具有以上的这种优势，对于教师的教、学生的学都有十分重要的促进作用。在古典文献学课堂上，教师可以利用多媒体来呈现PPT，这能够在一定程度上节省课上板书的时间，促使教师将更多的精力放在学生身上。此外，利用多媒体，教师也可以为学生拓展古典文献方面的内容，突破教材的限制，让学生能够学习到更加广泛的内容。总之，教师应该充分利用多媒体广泛的信息量，帮助学生实现进步。

第二，感染力尤其突出。

多媒体能够将信息以更为多样的方式呈现出来，变枯燥为生动、变静态为动态。这样的方式能够有效调动学生的积极性，帮助学生在这个过程中受到更加强烈的感染，从而以更加主动的态度参与到学习过程中去。古典文献学在一定程度上是比较枯燥的一门学科，在传统的教学中，教师大多通过有限的板书来让学生掌握知识。对于学生来说，他们很难对于这种方式产生一定的兴趣，长此以往，学生对于这门学科的积极主动性就很难提升起来。而且对于教师来说，繁杂的板书也浪费了一定的教学时间，难以帮助教师有效提升教学效率。在这样的情况下，多媒体的出现就为教师的教和学生的学带来了新的生机与活力。在古典文献学中，多媒体可以将知识以视频、动画、图片等形式呈现出来，不但可以调动学生的视觉感官，还可以调动学生的听觉感官，这在某种程度上能够充分保持学生的无意注意和有意注意，帮助学生在这个过程中实现高效的学习。

第三，具有很强的便利性。

一般来说，在运用多媒体进行古典文献学教学的时候，教师会在课前就准备好相关的课件。如此一来，教师在课堂上就可以专注讲授以及和学生互动。这就体现了多媒体所具有的极强的便利性，不仅便于知识的传播，还便于学生掌握。如今，社会在不断发展、技术在不断进步，教师在课堂上运用的多媒体课件也越来越丰富。即使课件出现一定的错误，教师也可以进行修正。所以说，我们应该认识到多媒体融入古典文献学教学中的现象，为教师和学生提供了很大的便利性。

第四，推动教学改革。

多媒体在教学中的运用，改变了以往的教学模式，所以说，多媒体的运用有助于实施教学改革活动。教学改革是对传统教学的革新，在如今社会不断发展的背景下，教学也处于不断的改革之中。在古典文献学中，教师和学生都不能忽视多媒体为教学带来的发展变化，而且需要及时为这种发展变化进行总结活动。此外，应该注意的是，多媒体也为学生展示自己提供了新的方式，在很多高校课堂上，教师让学生自己制作PPT，然后自己讲解，使学生成为课堂的主人。这样的方式不但充分发挥了学生的主观能动性，也能够加强师生之间的相互交流、相互借鉴。

（2）多媒体应用的有效途径

第一，丰富教学资源。

在古典文献学中，教师和学生都需要结合一定的资源来进行学习，在这样的情况下，利用多媒体来呈现一定的资源是十分必要的。学习古典文献学，学生需要接触到很多的古文献，它们所包含的内容是非常晦涩难懂的。这就导致学生学习起来往往难以理解相关知识，会遇到很多的障碍，出现不知所措的情况。而如果教师充分利用多媒体来进行知识的呈现，就可以使学生感受到一定的趣味性，使学生更好地理解古文献。比如说，在对于古文献《易经》进行理解的时候，教师可以利用多媒体为学生拓展相关视频资源，这样学生能够利用更加丰富的资源进行理解。

事实上，网络所涵盖的资源是十分丰富的，教师不但可以利用网络和多媒体为学生提供有价值的资源，而且可以帮助学生明白古典文献学的学习方向，这对于学生的发展具有积极的作用。目前网络上有很多主

讲古典文献的学者，他们比较有影响。所以教师应该适当地为学生提供这些资源，作为一种辅助性资源，帮助学生高效理解古典文献学，以此促使学生能够在这个过程中实现更好的学习。这样的资源拓展，也能够在某种程度上使古典文献学不再枯燥，学生学习起来自然不会感觉古典文献学离自己很远。

第二，促使古典文献学教学更为直观。

多媒体能够以更为多样的方式来呈现信息。在古典文献学中，学生所需要学习的内容可能和如今的生活相差较远，学生理解起来比较困难，教师讲授起来也会存在一定的障碍。比如，在教授古典文献版本装帧样式的内容时，因为这部分内容与现代书籍之间存在较大的差异，所以教师如果仅仅利用传统教学方法，可能难以给学生讲解清楚，而教师如果在这个过程中运用多媒体，就可以促使相关内容变得更为直观，便于学生理解。

需要认识到，在古典文献学中，教师利用一定的实物进行教学在某种程度上是不可能的。有的古典文献是存在于博物馆中的，要想学生实际地感受到事实上是不太可能的。在这样的情况下，不管是学校还是教师，都无法使学生对古典文献学进行充分的感知。但是在如今的技术条件下，教师可以利用一些扫描工具将古典文献学的样式、内容通过多媒体展示给学生。如此来促使古典文献学的教学更为直观。这样的优势是传统教学所无法做到的。

因此，在古典文献学教学中，教师在运用多媒体的时候，应该注意充分发挥它的直观性，以此帮助学生实现生动的学习。

第三，有效促使学生的主动性得以增强。

我国的古典文献数目浩如烟海，怎么让学生在最短的时间内找到自己需要的文献，既是一门学问，也是古典文献学的重点内容所在。在这方面，除了要使学生掌握相应的方法，还要促使学生提升自身的主动性。如果学生总是对于浩如烟海的古典文献缺乏主动性，就很难参与到检索的过程中去，更别说高效检索出自己所需要的文献。在这样的情况下，教师应该思考如何提升学生的主动性。首先，作为古典文献学方面的教师，教师应该充分利用《中国古籍善本书目》《中国丛书综录》等，来教授古典文献的检索方法。在此基础上，教师还应该帮助学生学习电子文献检索方法。举个例子来说，教师在引导学生学习、体会《四库全书》电子版本的检索系统时，应该制作一定的多媒体教学课件，以更加生动的、没有距离的方式来使学生进行理解。需要注意的是，通过这样的学习，学生可以直观学习到该软件系统的联机字典等功能，并且，教师可以让学生结合多媒体进行实际的操作。此外，教师也要帮助学生掌握相关系统的安装方法，让学生构建古典文献学现代信息体系。

第四，充分厘清古典文献学与现实生活的联系。

在古典文献学中，教师和学生在接触古典文献学的时候会发现其中的一些内容充满了生活化的气息，即使距离如今的生活较远，也是古代人民礼节和习俗的反映。其中的内容对于今天的生活有着十分重要的影响。比如，对于尊老爱幼思想，很多古典文献中都有所反映。《后汉书礼仪志》记载："仲秋之月，县道皆案户比民。年始七十者，授之以王杖，铺之糜粥。八十、九十，礼有加赐。王杖长九尺，端以鸠鸟为饰。鸠者，不噎之鸟也。欲老人不噎。"在讲到这部分内容的时候，教师可以结合多媒体为学生提供相关的图片，比如东汉王杖诏书简的图片。这样学生在理解起来的时候能够更加高效，同时在此基础上教师可以让学生思考如今的养老制度，以此和现实生活联系起来进行古今对比。这样可以使教学更加生动具体，由此拉近学生和古典文献学的距离。

4. 古典文献学 OBE 理念下教学模式的创新

围绕激发学生学习主动性、知识向应用能力转变两个重点，创新改革课堂教学的模式和环节，采用合作探究项目式教学模式，根据文献学知识点的现实应用设计特定场景、项目或任务。将课堂教学基本知识讲解、合作探究、验证优化、知识链接与拓展几个基本模块，并结合网络教学平台，建设课程教学资源，打造"做"中"学"。同时，把"传承中华优秀典籍文化及树立传统文化自信"作为思政核心有机融合在教学中。

(1) 创新教学目标

按照培养目标和培养要求，依据社会需求、学科专业发展，把课程内容整合为文献著录、文献传承、文献普适性处理三个模块，突出了文献学的现实功用，删减了部分学科内学术史涉及的概念和理论。据此，明确了教学目标：利用人文学科知识与价值相统一的优势，坚持知识、能力、素质有机融合，在要求学生具备古典文献处理的基本知识和能力的基础上，突出古为今用的实践能力，培养学生透过文献了解古代优秀学术传统进而产生勇于创新的意识，引导学生树立起传承优秀传统文化的视野和责任感。

(2) 突出应用能力，创新整合教学内容

针对课程知识体系繁杂、知识点碎片化、理论性强以及传统课堂重理论轻实践的一些劣势，有效整合现有教学内容，结合专业需求和现实应用价值，突出重难点，制定教学任务。在教学内容上，既强调传统文献学理论价值，又注重发掘古典文献在当下文化语境中开发应用的现实意义，并注重古典文献不断适应信息化、网络化时代的需求，在古籍“普适化”方面下功夫。

(3) 创新“合作探究项目式”教学模式

以合作探究项目式教学为主，整合教学内容形成任务主题，创设教学内容应用现代场景，以解决一个实际问题来导入教学内容，提升课程的实践性；教学中，尽量以案例呈现理论知识；通过任务导向、合作探究引导学生自主学习；同时，不断丰富文献材料，建设教学案例资源库。针对每一个章节形成链接性的知识，以案例的形式呈现文献在现代社会的意义和活力，并有机融入课程思政。

(4) 打造“产教学”融合模块，创新教学组织与活动

在教学组织上，合理优化设计各教学要素和环节，以“学到、能用、会用”理念为组织脉络。通过创设知识与能力的应用场景，解决一个实际问题；以案例呈现理论知识；挖掘利用具有地方性、民族性以及传统优秀典籍作为材料，打造教学内容与学生的亲和力；自然融合“传

承中华优秀典籍文化及树立传统文化自信”的思政目标等设计思路，打造以学生为中心的课堂，设计文献处理的实践操作项目，合作探究解决实际问题，实现课内的产教学融合，强化、优化、固化知识与能力。

（5）学教结合，灵活运用多种教学方法

引导学生参与教学、积极思考、主动探究、乐于实践。灵活运用任务引导教学法、激励教学法、案例分析法、小组合作讨论法等多种教学方法。

5. 古典文献学教学评价的创新

（1）建立课程网络教学资源平台，拓展课程教学资源。按照课程知识脉络建立网络课程，上传丰富的链接性知识，增加课堂容量，引导学生自主学习、个性化学习。

（2）合理整合媒体端资源，丰富教学手段，增强教学双向互动。利用网络教学平台链接学生手机端，把手机作为师生互动的教学工具和实践操作的应用工具，变“负面因子”为“优势资源”。叠加传统多媒体教学的影像直观展示优势，丰富课堂教学。

（3）依托网络教学平台，多维度教学评价，提高评价的可操作性和客观性。通过网络教学平台的丰富功能，设置丰富的学习任务点，增加学生观看视频材料、学习链接知识、完成在线作业、进行主题讨论等方式，丰富评价学生学习效果方式，为诊断性评价和形成性评价提供客观依据。同时，根据学生的浏览数据、互动数据、完成任务点等情况生成学习数据，成为评教的有益补充，推进教学持续改进。

第三节　汉语言文学中的中国传统文化教学

一、中国文化在汉语言文学教学中的现状

（一）中国文化的内涵

中国的强大与繁盛离不开文化的支撑。中华传统文化是数千年文明

发展而来的产物，加强了中华民族的骄傲和凝聚力，是我国重要的精神资源，中国国际教育的目标是培养新时期的新型人才，加深他们对汉语的理解和优秀的沟通能力，加深他们对中国文化的理解。在如今信息技术与经济飞速发展的时代，各个国家的文化相互碰撞，如何在汉语国际教育中传播中华传统文化、继承中国传统文化的优点是现在必须考虑的重要问题。

1. 中国文化的概述

中华传统文化是中华民族宝贵的精神财富，是祖先传承给我们的文化财富。中国传统文化起源于神农时代，随着朝代的变化和演变，形成了以儒、道、释为主要内容的文化体系，涉及文学、艺术、语言、历史、哲学等各个方面。中国传统文化从古到今一直延续，是人类历史上比较罕见的文化。它具有很强的连续性和统一性，具有很强的凝聚力，使中国人民对自己的国家和文化有很深的归属感和自豪感。而且，中国传统文化并不是一种过时的文化，它不是一种停滞不前的文化，它是一种充满活力的文化，它伴随中国从近代屈辱中摆脱出来，迈向伟大复兴。中华传统文化在造福中国人民的同时，中国人民也在努力发展和完善中华传统文化，使之更加辉煌。

2. 发展中国文化的意义

中华民族有着悠久的历史，中华文化更是博大精深、源远流长，在悠久的历史长河中，中华传统文化所蕴含的精神文化理念以及由此产生的内容，成为世界文化不可或缺的一部分。时代的发展，对学科教学提出了新的要求，传统文化要在时代中发展，就必须赋予其时代内涵。语言，是联系传统文化的中介，而汉语和文学，则是中国传统文化的内核。因此，在学习传统文化的过程中，语言教学就变得尤为重要。重视语言教学，也能帮助学生提升文化素养、提高学生文化综合能力。大学阶段，以汉语和文学为基础构成的汉语言文学教育，对语言教育有着深层次的影响，在这一阶段，要尤其重视学生在语言文学方面的深造，这也对语言教育提出了新的要求。对于汉语文学专业的学生来说，要在大学阶段多加巩固相关知识，为传承语言文化做出个人贡献。同时，科技的进步，也为传统文化增添新的动力，科技与文化的结合，是创新文化传播方式的体现，在传统文化传播中运用科学技术，能进一步扩大传统文化的传播力和影响力。在新的文化发展格局中，要继续发扬中华优秀传统文化的影响力，需要在传承中发展中华传统文化，保持具有本国特色的传统文化内涵，做到在传承中发展，在发展中传承。

3. 汉语言文学与中国文化的关联

(1) 文字学与中华文化

文字和语言密不可分，语言的表达需要借助文字，而文字的表现，又是语言的生动体现。中国文字历史悠久，从最初的象形文字到如今的标准汉字，其发展历程，具有丰富的文化意蕴。以最常见的“山川河流”为例，早期的人类以其外在形貌为特征，造出象形文字，后来随着历史文明进程的演进，象形文字就逐渐演变成了如今标准意义上的文字。文字的演变历程，反映了一定社会背景下的时代风貌，最常见的“江山社稷”中的“稷”字，其背后的文化意蕴与古代的农业社会密切相关，反映出人们祈求风调雨顺、靠天吃饭的特征。因此，从这一角度来讲，文字就不单单只是由几笔画构成的汉字，还具有更为丰富的文化意蕴，而通过文字学，我们更能学习到博大精深的中华文化。

(2) 书法与中华文化

书法历史由来已久，书法字体的变迁，反映出中华文化的艺术内涵。书法一般可分为五种字体，根据产生时间长短可分为篆书体、隶书体、草书体、行书体和楷书体。书法是中华文化的瑰宝，书法作品极具艺术价值，通过书法作品，我们能感悟出书法作品的精神意蕴和书法作者的性格特点，例如，王羲之的书法作品《兰亭集序》。书法在文字的基础上产生，中国现存的汉字记载，从甲骨文开始，到盛行于西周的金文，皆属于大篆范畴，而文字又和语言密不可分，因此，书法中也蕴含着中华文化的意蕴。

(3) 古典文献学与中华文化

中国古典文献，是记录反映中华文化的重要资料，而中国古典文献

学，可以为整理和研究中华文化提供支持。在历史文明演进过程中，学术著作辅以研究中华文化，为研究中华文化建立线索支撑，而由一系列学术著作组成的古典文献，为检索考证中华文化形成及发展提供了参考依据。因此，在汉语言文学中，古典文献学可以为学生重新梳理中华文化的脉络进程，以此为基础，传承好、发展好中华文化。

（二）中国文化在汉语言文学教学中的现状

1．中国文化在当下汉语言课程当中的内容定位

随着高校课程体系的不断优化与完善，中国众多高校越发注重汉语言课程建设。汉语言课程，是中国高校文学课程的一大亮点，汉语言课程体系的健全与否，影响着高校的办学质量。高校管理人员要认识到汉语言课程的重要性，不断优化汉语言课程教学体系，以培养高校学生汉语言文学素养为目标，为学生提供实践场所，以此提高学生汉语言专业素养和综合运用能力。汉语言课程为研究中国文化提供了学科指导，要结合已有的理论性研究成果，在实践中运用课程理论知识，多角度研究中国传统文化历史。因此，高校要及时优化汉语言课程体系，改善提升汉语言课程教学内容，为传承和发展中国文化夯实基础。

2．中国文化在当下汉语言课程中的重要地位

当下，开设汉语言课程已经成为众多高校的共识。汉语言学科历史较为悠久，多是伴随高校的成立而设立，汉语言课程体系，也随着高校的发展不断优化。中国汉语言文学专业，是具有中国特色的学科专业，开设中国汉语言文学专业，一方面是为了加深高校学生对汉语学科知识的理解和掌握，另一方面则是为了推动中国文化的发展。汉语言文学专业注重培养高校学生的文学素养，包括对文学理论知识的掌握以及对文学理论知识的实践运用，通过课程培养，让学生能够在与专业相关的岗位上发挥作用，做出岗位贡献。从中国传统文化角度来看，众多高校开设汉语言文学专业，也为开展学术性研究探讨夯实了基础，因为不管是汉语言文学理论知识还是随之而形成的研究成果，其本质都是为中国传统文化服务。在中国传统文化中，不乏优秀的文学思想，例如，春秋战国时期形成的诸子百家思想，这些文学思想也能为后续的学术性研究探

讨活动提供源泉支撑。因此，通过汉语言文学专业的理论培养，加深学生对中国传统文化的认知，可以更好地推动中国传统文化的传承与发展。如今，众多开设汉语言文学专业的高校已经认识到中国文化在课程中的重要性，在教学课程内容中，高校教师会主动将中国传统文化所蕴含的独特的人文理念及价值观念讲授给学生，作为汉语言文学专业的学生，理应掌握并自觉践行其中的理论知识、价值观念，自觉服务于中国文化，为推动中国文化传承与发展做出应有贡献。由此可见，高校开设的汉语言课程对实现中国文化的传播具有不同寻常的意义。

3. 汉语言文学专业中国文化课程的教材选择

中国文化历史悠久，文化著作种类繁多，在中华传统文化演进过程中，一些优秀理论书籍成为研究中华文化的重要参考依据，这些优秀的理论书籍著作，同样也成为高校汉语言文学专业的学习资料。高校汉语言文学专业的学生，对中国传统文化的学习，离不开相应的书籍资料支持，因此，在进行课程教学时，教材选择就成为关键。教材是教学开展必不可少的理论工具，教材的选择，要和高校学生的专业知识水平相符，同时，要结合汉语言文学专业，扩充学生的学习维度，不只局限于教材资料，为学生补充更多专业知识。当前，高校汉语言文学专业使用的教材并没有统一标准，教材名称也是各不相同，最常见的有《中国传统文化史》等。不过，在进行调研总结后发现，众多高校汉语言文学专业所选用的教材，其实可以从两方面进行探讨。一是教材注重培养学生的理论素养，即以传授学生专业知识为教学方向。先是对中国传统文化知识脉络进行梳理；然后将中国传统文化划分为不同的发展阶段，以此开展阶段性教学；最后根据中国传统文化阶段性发展特征，向学生讲授各个阶段的传统文化知识，包括书画、建筑、思想、诗词文化等内容。其中，多数高校会选用吕思勉的《中国文化史》；二是教材注重培养学生的实践素养，即以系统整合中国传统文化发展为教学方向，通过整理中国传统文化的起源和发展，从先秦礼制文化到宋明理学，整体呈现出系统性，其中还包括对影响中国传统文化发展因素进行分析的内容，从政治经济等因素进行分析探讨，以此培养学生的实践运用能力，多数高

校会选用李山的《中国文化史》。随着高校教育的进步，高校汉语言文学专业在教材选用方面更加注重培养学生的综合能力，即更加偏向前文中的第二方面，汉语言文学专业注重综合能力，系统学习掌握理论知识只是该专业的基础，对于专业教学来说，最重要的还是培养学生的综合能力，即培养学生运用理论知识对中国传统文化进行深入分析探讨的能力，这是高校汉语言文学专业教学的主要方向。课程是基础，重在理论的综合运用，因此，汉语言文学专业中国文化课程的教材选择，应该以能不能提高学生的综合能力为主要依据，这样才能推动中国传统文化相关研究的发展进步。

（三）汉语言文学教学弘扬中国文化的策略

1. 提高对中国传统文化的认识

部分高校缺乏对中国传统文化教育的系统性理解，从这一角度分析，部分高校应该在理论与实践运用方面进行系统性安排，加深对中国传统文化的认识，提高学生汉语言文学素养和综合水平，推动中国传统文化创新性发展。为此，高校可以从两方面进行研究，总结出培养中国传统文化教学的方向。一方面要利用好国家政策，多种形式开展汉语言文学教学，增设汉语言文学相关选修课程，培育学生的主体性认知，鼓励和引导学生学习汉语言文学选修课程，以此为基础，提高学生对中国传统文化的认识；另一方面要主动寻求汉语言文学教学变革，积极探索适合学生学习的汉语言文学教学理念，研究适合学生发展的多元教学策略，从方式方法上优化汉语言文学教学体系，为加深学生对中国传统文化的理解夯实基础。

2. 建立专业教师队伍，完善传统文化教学体系

针对汉语言文学教学，部分高校要主动求“新”，在原有教学基础上，实现对中华传统文化的教学创新，具体来讲，高校可以从如下三个方面进行改进。

（1）注重培养教师弘扬中华文化的使命感

求“新”，首先是教师教学任务的更新。高校是传播中华文化思想的主阵地，而教师则是弘扬中华文化思想的领路人，因此，高校汉语言

文学专业教师要及时更新教学任务，以教授汉语言文学知识和传播汉语言文化思想为教学方向，以提高学生汉语言文化综合能力为教学目标，增进自身教学水平。教师及时更新教学任务，是适应当下汉语言文学教学要求的体现。随着国家越加注重弘扬中华传统文化和提升文化自信，高校汉语言文学教师理应将此作为教学任务，传播中华传统文化，增进学生对中华传统文化的思想认知，帮助学生确立弘扬中华传统文化的思想价值体系，让学生树立对中华传统文化的情感价值观，以此实现中华传统文化的传承与发展。

(2) 系统地培训汉语言文学教师

高校汉语言文学教师的教学质量是教学的关键性因素，因此，高校管理人员要注重对汉语言文学教师教学质量的培训。教授汉语言文学要求教师要有较高的文学素养，而教师文学素养的提升，除了自身不断学习扩充中国传统文化知识，还需要高校管理人员积极参与其中，开展多种形式的汉语言文学教学交流会，定期举办汉语言文学成果研讨会，及时为高校教师补充新的汉语言教学理念和教学知识，帮助汉语言文学教师系统提升教学质量。

(3) 提高教师使用现代信息技术和网络资源的能力

高校有较为便利的教学资源，在教学资源的支持下，教师应该积极利用好电子图书馆、多媒体等网络教学资源，借助现代信息教学技术扩充自身汉语言文化知识，提高自身汉语言文学素养。高校汉语言文学教师还应适当借助现代网络资源，为学生讲授教材之外的中国传统文化知识，为学生展示相应的中国传统文化理论性研究成果，促进学生文学素养的提升。

3. 保证汉语言文学教学时间充分

汉语言文学要求学生多加注重课内外知识的积累，因此，教师要做好汉语言文学课堂教学的安排。当下，多数高校汉语言课堂教学时间与教学内容不匹配，汉语言文学内容的丰富性，给高校教师教学时间的安排带来了挑战，也对高校管理人员提出了新的要求。汉语言文学专业形成时间早，而且随着社会的发展，该专业越来越受到更多人的重视，在

固有的教学时间里，部分教师只讲授汉语言文学重点内容，而对于其中不太重要的部分，或一带而过，或直接忽略，这也较为直接地影响了学生对汉语言文学知识的积累和掌握。因此，为了更好地促进学生掌握和深入理解中国传统文化，教师和高校管理人员理应为汉语言文学教学留出充足的时间。

4. 研究发展中华传统文化的教学方法，创新教学内容

汉语言文学教学强调学生对知识的积累和综合运用，因此，这就对教学方法提出了相应要求。创新教学方法，有助于加深学生对中国传统文化知识的理解，因此，高校要积极探索适合汉语言文学专业课程教学的方法，适应新时代高校学生学习特点，推进中华传统文化的传承与发展。同时，教师要积极改变固有教学方式方法，优化课堂教学体系，主动借鉴其他教师先进的教学理念和方法，培养学生对汉语言文学知识的求知欲，以此增进汉语言文学专业学生的学习主动性和积极性。

（1）以主干课程为切入点

高校汉语言文学专业教师要确立教学主要方向和主要任务，选用适合学生学习和符合汉语言文学发展方向的教材。认真梳理总结课程教学绪论导读部分，让学生对学习汉语言文学专业有整体认知，同时要着重强调中国传统文化在本专业中的重要性，引导学生提高对学习中国传统文化知识的重视，将课程主干整体呈现给学生；帮助学生在脑海中构建思维导图。

（2）以慕课为切入点

网络教学资源是辅助教学开展的平台，高校汉语言文学教育要重视包括慕课在内的学习资源，帮助汉语言文学学生拓展学习范围，同时借助慕课等教学资源，开展课外校外教育，积极做好弘扬中国传统文化的任务。

（3）以论文为切入点

开展学术性研究分享会，重视论文等学术性论著，通过学术论文检查汉语言文学学术学习成果。教师可以要求学生把中国传统文化作为学术论文的融入点，同时，多加指导学生学术论文创作，以加深学生对中

国传统文化的理解，提高学术性论文的参考及研究价值。

5．在就业指导上开展传统文化教学

高校汉语言文学学生毕业后多就职于机关、企事业单位，岗位多和编辑、文秘及行政有关，这对学生的专业文学素养提出了较高要求。基于此，高校在就业指导方面要积极融入学科思想，培育学生中华优秀传统文化思想价值观，以较高的学科素养步入工作职场。在就业指导方面，高校还应该结合职业具体情况，让学生认识到掌握和运用中国传统文化知识的重要性，如最常见的编辑职位，高校可以从中国传统文化知识积累的角度入手，指出编辑工作对于文学素养的要求，无论是稿件选题方向还是内容，都应该体现出思维深度，保证稿件质量，以此提高学生对中国传统文化的重视。

6．利用社会资源来开展传统文化教学

社会资源是高校开展汉语言教学的有利依托。社会资源具有现实的指导意义，这对于高校汉语言文学专业的学生来说，是将理论应用到实际的有益探索。社会资源中包含着丰富的中国传统文化遗产，因此，社会资源就成为高校汉语言文学专业学生巩固运用学习成果的有益资源。对于高校汉语言文学教师来说，要适时寻找有益于学生实践的社会资源，指导学生转化学习成果，用所学的理论知识尝试运用到中国传统文化中去。

7．利用学校社团活动来开展传统文化教学

学校社团是学生分享交流学习成果的组织，高校管理人员要鼓励汉语言文学专业学生参与到中国传统文化社团建设中来，支持学生开展多种形式的中国传统文化社团组织活动。教师可以在学生创建社团过程中提出指导性意见，帮助学生做好社团创建工作，同时学生也要做好社团组织活动，比如举办中国传统文化书籍推介会。中国传统文化图书朗诵会等，通过社团活动弘扬中国传统文化，吸引更多本专业和非本专业的学生加入进来，增加中国传统文化的校园影响力。

总之，在社会主义精神文明建设过程中，中国传统文化具有独特的价值意义。做好汉语言文学教育工作和培养汉语言文学专业人才密不可

分，因此，无论是高校管理人员还是高校教师或是专业领域学者，都应积极为传承发展中国传统文化建言献策，做出个人贡献。基于此，高校管理人员要积极完善汉语言文学教育体系，高校教师要主动改进汉语言文学教学策略，多措并举提升汉语言文学专业水平。

二、中国文化在教学中的创新模式与实践

（一）中国文化教学中混合式教学模式

新时代催生新的教育方式，主动变革教学模式，适应课程教学需求，是中国文化在新形势下开展教学的现实依据。本节从“目标”“内容”“内涵”“知识”这四个维度进行探讨，提出构建中国传统文化教学的混合式教学模式。

1. 确立学习目标

教师教学目标是指导课程教学开展的主要方向，同时也是学生主动融入课堂学习的主要依据，教学目标清晰，能为学生学习指引方向。美国心理学家布卢姆提倡目标学习法，即通过改进教学模式，为学生预留出充足的时间，大多数学习者都可以在学习上有所突破，取得较为不错的成绩。因此，教学目标清晰，能够帮助学生提高课堂学习注意力，明确课堂学习动机，促进学生形成自我检查、自我改正和自我提升的学习习惯。教学目标应建立在教师的“教”与学生的“学”的基础上，同时强调做到以学生的“学”为重点，确立学生主体性，以此实现教学目标的有序推进。除此之外，教师的“教”也起着重要的引导作用，过度以学生为主体，忽略教师的教学指导作用，会对教学目标的实施结果造成不利影响。基于此，在教学目标实施过程中，教师要在“教”与“学”之间做好平衡。中国传统文化课程具有其自身独特的特点，该课程要求学生具备一定的文学基础素养，最终能实现“止于至善”的目标。高校教师在教学中要做好“教”与“学”的工作，指导学生明确学习目标，教师可提前在线上课堂中指出课堂“教”的目标，为学生学习做好铺垫。中国传统文化课程注重培养学生的文学专业素养，因此，该课程对高校学生的学习目标有着明确的要求，在具体教学中做到“教”只是教

学的基础性工作，重要的是要督促学生树立课程学习方向，在“教”中指引学生完成“学”，按时完成学习目标。

2. 掌握学习内容

教师教学内容以课程教学要求和学习情况为依据，通过教师的“教”与学生的“学”实现知识传递。教学内容不应仅仅以课程教材为主，而是要多方整合课程知识，在原有理论基础上，为学生讲授新的课程理论，以此实现教学内容的完善，学生也可以通过线上课堂获取教学内容，同时根据教学内容做出学习进度安排。在高校中，传统文化课程相较于其他课程内容涵盖面广，因此不同高校会根据学生的实际情况做出针对性安排，如在讲授中国传统文化“儒”“道”等派别思想时，部分高校会选取经典且富有思想性的传统书籍，将其中的派别思想，以课程教学的形式讲授给学生，高校教师通过讲授儒家的《论语》、道家的《老子》等派别思想著作，将其中所蕴含的“仁爱”“无为”等思想确定为课程教学的重点内容。传统文化著作中文言文占比较大，在实际教学中，高校教师可以改变传统的死记硬背式的讲授方法，通过借助网络资源讲解论著中的深邃思想，让学生感悟中国传统文化中所蕴含的深刻哲理。同时，还可以通过互动引导，与学生彼此分享论著思想在当下的现实意义，帮助学生确立符合时代发展的优秀价值观。借助线上课堂，教师可以多在平台上发布与教学内容相关的视频或者是图文，具体可以短视频的形式将教学内容呈现给学生，这符合当下大学生的学习特点，并且短视频呈现的方式与当下高校学生“快节奏”的生活方式相匹配。教师要在短视频中提炼出与教学内容相关的核心问题，同时建议学生多查阅课外书籍，拓宽学生的思想维度，增进学生对传统文化的认知理解。通过预留学习目标，在实际教学过程中，高校教师可以加深学生对传统文化的理解，明白儒家“修身齐家治国平天下”的人生追求，懂得了道家“无为而治”的处世态度和政治思想。因此，在传统文化课程中，依据教学目标进行课堂内容教学，最重要的是要帮助学生理解理论知识以及更深层次的思想体系，促进高校学生对中国传统文化知识的理解和运用。

3. 思虑学习内涵

韩愈《劝学解》有云“行成于思”，孔子也通过论述“学”与“思”的关系指出了学思的重要性。高校学生处在树立正确思想价值观的关键阶段，而高校教师则是高校学生树立正确思想价值观过程中的领路人，因此，高校教师不仅仅是要教会学生专业理论知识，还要以培养学生的思维认知能力为目标，加深学生对文化知识的理解。在信息化时代，各种知识以碎片化的方式呈现在高校学生面前，这使得学生缺乏独立、深层次的思考。因此，高校教师应主动做好学生思维能力培养工作，多角度、多层次开展学科教学，以提高学生理论知识综合运用能力为目标，贯穿从学习到实际运用全过程。学生也要从学习中形成专业学科思维，一是要理解，即学生根据教师所讲，利用网络资源或者是教学工具，能够对所学的传统文化知识有基础性理解。二是要感悟，即在理解的基础上，能够从中体会出传统文化中蕴含的哲理性思想，用以指导个人思想价值观。三是要思辨，即通过所学的传统文化知识，能够结合社会实际或者是专业领域，提出个人所思所想，提高思考广度和深度。四是要书写，即在思辨的基础上，能够用短而精的话语书写出来，提高个人专业知识运用能力。五是要致用，即不断学习新的传统文化理论研究，加深自己的传统文化素养，真正做到学以致用。“思辨”是学生思维能力养成的关键，孔子说“思而不学则殆”，指的就是要重视培养学生的思辨能力，而思辨能力的养成，除了学生自身要求外，还需要教师多加引导。传统文化课程对部分高校学生来讲，或许是枯燥乏味的，但传统文化中所蕴含的深邃思想又要求学生必须加以理解。因此，教师在具体讲授过程中就要与学生增进互动交流，引导学生去思考问题，提出不同见解与思考。高校学生思辨能力的形成，有助于促进学生专业文化知识的理解与运用，也对思想价值观的树立有着积极的指导作用，所以思辨这一环节就变得尤为重要。

4. 践行学习知识

传统文化及思想对现实社会具有指导作用，也影响着个人的思想价值观，因此，许多高校都会重视传统文化课程的建设。做好传统文化课程教学工作，不仅能够提高学生个人专业素养，还能帮助学生实现个人社会价值。传统文化包罗各种思想，由传统文化而衍生的传统文化课程，成为一门学科要求较高的课程。学习传统文化课程，需要高校学生具备一定的文学基础，在教师讲授和个人查阅相关书籍过程中，学生能够逐步理解传统文化的表意和深层次意义，从而对传统文化产生较为清晰的认知。从这一角度来讲，传统文化课程是一门兼具道德素养和学科素养的课程。高校教师在讲授传统文化课程中，要融入最新的学术研究成果，同时利用好网络教学资源，将教材与资源结合，使学生能够初步理解中国传统文化知识及其中蕴含的思想，这是夯实基础的过程。在学习传统文化课程过程中，教师要逐步提升学生对传统文化的兴趣程度，这是强化学习的过程。培养学生的学科素养是教师教授传统文化课程的教学目标之一，在学科素养基础上使学生形成良好的道德素养，是高校教师需重点关注的教学目标，也就是要使学生能够将所学理论知识运用到现实的学术研究中去，能在学术研究中发表个人独到的思想见解，以此实现传统文化的传承与发展。形成道德素养，是高校学生理论与实践相结合的体现，在此过程中，学生对传统文化有了新的思想认知，这有益于学生形成积极的思想价值观。传统文化课程的特点对高校教师讲授传统文化知识提出了相应要求，教师要利用好线上线下资源，同时引导学生自觉主动在课外时间学习传统文化知识，帮助学生形成传统文化认知体系。教师在课内讲授的传统文化知识，需要学生在课外主动吸收巩固，学生可以在图书馆查阅传统文化书籍，也可以在社团中与其他同学共同交流分享传统文化知识。传统文化在民间形成，也在民间发展，因此，对于高校教师来说，既要教授传统文化课程，也要带领学生走进民间，感悟民间传统文化的魅力所在，主动引导学生将传统文化理论知识自觉应用到民间文化中。传统文化短而精的部分，恰恰是其内容的价值所在，学生要主动学习传统文化理论知识，理解传统文化思想，自觉将所学理论思想运用到现实生活中，指导个人生活实践，为弘扬传统文化做出贡献，为实现建设文化强国的目标而奋斗。教育是行之始，教育传达的理念是指导人们积极乐观的生活，对于传统文化教育来说，亦是如

此。因此，高校教师在教授传统文化课程中，要优化教学目标，更新教学内容，引导学生树立积极的思想价值观，使学生的学科素养与道德素养“合二为一”。为此，教师应主动将传统文化中蕴含的优秀的思想文化与社会主义核心价值观结合起来，传递儒家“仁者爱人”“修齐治乎”等优秀思想，为实现社会主义文化强国目标和中华民族伟大复兴的中国梦持续奋斗。引导学生树立主动学习传统文化的意识，需要高校教师用好“教”的方法，从“目标”“内容”“内涵”“知识”四个维度出发，提高学生学科素养和道德素养，使学生能在学习优秀传统文化中升华个人思想境界，从而形成积极的思想价值观，最终指导个人工作与生活，在实现个人价值中达到与社会价值的统一。

（二）中国文化教学中多模态教学模式

1. 多模态教学模式的优势

高校文化教学，学科理论性较强，而在实际教学中，高校教师应考虑到学生对中国文化认知的阶段性水平差异，逐步培养学生对中国文化的学习兴趣。因此，可以采用多模态教学模式。信息技术的进步，使教学手段发生变化，多模态教学模式正是利用信息技术来提高学生的学习兴趣，这种模式对高校中国文化教学有着较为明显的作用。高校教师在教授中国文化课程时，可以借助信息技术，优化教学环境，使教学内容呈现富有立体感，这样也可以兼顾外国学习者的学习进度。例如，针对中国文化中传统节日的教学，高校教师可以利用信息技术，以多种呈现方式将内容讲授给学生，这样可以活跃课堂学习氛围，增进学生对中国文化的学习兴趣。比如在讲授中国文化传统节日端午节内容时，教师可以通过多模态教学，将端午节的习俗来源、主要人物及演变背景以视频或图文的方式呈现给学生，在此期间，教师可以穿插问题，增进与学生的互动，使教学更加富有层次。信息技术弥补了传统教学中教师“教”与学生被动“学”的不足，借助信息技术手段，可以使学生的多种感官调动起来，积极融入课堂学习中去，从而使高校学生增进对中国文化的认知。

2. 多模态教学模式对中国文化教学的适用性

中国文化蕴含着丰富的文化思想，这就对高校学生特别是外国学生提出了要求。基于此，高校教师采用多模态教学模式可以改变传统的教学内容呈现方式，增进高校教师与学生之间的双向互动，从而解决中国文化课堂教学氛围活跃度低这一问题。

（1）多模态教学模式使教学内容多样化

信息教学，是多模态教学的主要特征。传统教学单向性特征明显，现代信息教学则改变了这一点，借助信息技术，多模态教学模式可以使教学更具双向性、内容呈现更富有层次。高校教师讲授中国传统文化，需要让学生理解其中蕴含的思想文化精髓，因此，教师可以使用包括PPT在内的信息教学手段，提高教学效率。比如，在使用PPT课件讲授中国传统文化知识过程中，教师要注意把文字、图片和视频综合利用起来，使教学的内容更加丰富。教师在讲授中要注意结合信息教学手段，将教学内容层层推进。比如，在展示中国传统文化PPT课件时，教师可以先带领学生梳理课程内容知识，在此过程中，将重点内容与问题结合起来，引导学生思考这些问题。之后，通过播放相关视频，更加直观地让学生学习中国传统文化知识。在此过程中，带领学生边看边思考之前所提出的问题，这样可以使学生强化对教学内容的认知与理解。从这一角度来讲，多模态教学模式，可以有效解决中国传统文化课程的教学问题。

（2）多模态教学模式使互动对象多样化

现代教学更加强调多元互动，即课堂教学中要实现互动对象多方交流。中国文化教学注重学生对知识的掌握和对思想的理解，要实现这一教学目标，需要高校教师在课堂中多与学生沟通交流。比如，在学习中国传统文化课程中，教师可以在PPT中设置情境交流演示，让学生与学生之间，或者是教师与学生之间，通过情境交流来增进对课程内容的学习。教师要兼顾学生主体之间的差异，在教授中国传统文化课程中，会有部分外国学生因基础较为薄弱而跟不上教学进度，针对此种问题，教师可以通过播放视频，引导学生之间进行互动交流。此外，这种多元互动能够引发外国学生对中国传统文化内容的思考，进一步提高他们对中国传统文化的兴趣，同时也能为本国学生理解中国传统文化提供新的

认知视角。从这一角度来讲，多模态教学模式，可以推动中国传统文化相关理论研究从而实现新的发展。

（3）多模态教学模式使教学手段多样化

如今，我国高校早已将信息技术应用于教学中，随着技术的革新，信息教学手段也更加丰富。中国文化课程借助信息技术教学，将推动中国传统文化的创新性发展，因此，高校应将多模态教学模式融入实际教学内容中。信息技术的进步使得国学再一次引起大众关注，由国学衍生的综艺节目如《中国诗词大会》《故事里的中国》等，为高校教师讲授中国文化提供了教学素材，教师可以借此向学生讲解其中的文化知识，进而加深学生对中国文化的认知。高校教师可以通过讲授服饰、茶艺等文化，向外国学生展示中国文化的丰富内涵，例如，开展茶文化体验课，通过播放茶文化视频，让学生感受茶文化的魅力，还可以通过举办服饰联谊会，通过展示由古至今形成的中华传统服饰，让学生认识服饰文化的变迁历程。

（三）中国文化教学基于互联网的创新模式

1. 利用传统文化中推敲的创新因素开展互动式教学

中华优秀传统文化是古人的智慧结晶，是古人反复打磨而后形成的精华，因此，教师在讲授中国传统文化知识时，要引导学生学习古人的这种精神态度。教师可以借助互联网寻找一些与当下中国文化发展困境相关的问题，引导学生尝试运用古人推敲的精神解决这种问题，同时以互动的方式和学生共同交流探讨如何进行推敲，以此让学生养成善于推敲的思考态度。教师要在互动式教学中积极培育学生推敲的精神态度，唯有如此，才能帮助学生提高对中国传统文化的学习兴趣，从而实现中国文化的传承与发展。

2. 利用传统文化中典型的创新因素开展范例式教学

在中国传统文化发展历史进程中，不乏带有贡献的优秀人物，这些优秀人物可以用于实际教学中，教师可以借助互联网教学工具，将这些对中华文化发展有着贡献的优秀人物作为范例讲授给学生，例如司马迁、苏轼等。教师还可以利用互联网资源，找出分析中国传统文化典型人物的视频，并主动引导学生思考不同人物的共性，根据学生总结出的人物共性，把能够反映人物心理特征的，例如，兴趣、志向等，作为课程教学重点目标。高校教师应该在中国传统文化课程中教授给学生古人优秀的思想品质，从而帮助学生形成积极的学习观和正确的思想价值观，以此促进高校学生为中国文化的接续发展做出属于自己的贡献。

3. 利用传统文化中研读的创新因素开展提升式教学

中国传统文化发展历史悠久，具有丰富的人文思想性，因此，高校学生除了利用教材进行跟课学习，还应该积极利用图书馆、网络等资源进行自主学习。教师在教授中国传统文化课程时，要多预留出时间用于交流讨论，以此检查学生的学习成果，此外，还要布置相应的课外课题任务，要求学生自主查阅书籍，精细研读书籍中蕴含的人文思想，在此基础上形成个人思考，帮助学生提升自主解决课题的能力。中国传统文化课程具有较为深厚的课程理论性，对学生来说，学好这些课程理论知识，对于日后的课题研究及工作生活具有指导作用。培养高校学生研读能力，是新时代高校的教学目标，这对学生的自主学习提出了相应要求，学生不能只利用图书馆书籍资源，还要在网络平台中找寻相关资料，自主完成课题任务。

4. 利用传统文化中思辨的创新因素开展探究式教学

传统文化课题具有开放性，它需要学生之间以合作探究的方式来完成，也就是以小组为单位开展课题研究。教师在布置传统文化课题时，应该明确课题的研究方向，为学生提供相应的参考书籍，把课题任务细分到每个小组中去，要求小组成员积极借助图书和网上资源，督促小组成员按时进行合作探究，提出对课题任务的思想见解，从而保证课题能够保质保量地完成。小组成员之间的合作探究，能够将每个人的想法围聚在一起，形成开放式交流，同时，在互联网资源和图书馆资源的帮助下，这种方式能够使每位学生学习到更多传统文化知识。

（四）中国文化教学中增设国学经典课程的教学实践

1. 国学经典课程对中国文化传承的重要意义

高校是国学思想传播的主阵地，在高校开设国学经典课程，能够提

高学生的思想道德素养水平和学科素养水平，加深学生对国学经典课程的思想认知，为新时代的国学文化教育带来新的改变。

（1）国学经典课程可有效提升大学生的语文素养

学科素养建立在学生对课程的认知理解程度基础上。国学经典课程蕴含了独特的思想人文性，对高校学生来说，学好国学经典课程，能够提升自身语文素养，增强自身人际交往能力。高校教师要积极引导学生学习国学经典课程，深入理解国学经典课程中的文化思想，以多种教学手段强化学生学习主动性和积极性，夯实学生语文素养基础。国学中包含的先秦思想及诸子百家学说，是国学经典课程的重要内容。因此，教师要把这部分内容作为教学重点，使学生建立起对国学思想的认知体系，为后续学习其他国学思想打下坚实基础，并以此使学生形成良好的语文素养。

（2）国学经典课程可切实强化大学生的道德素质

高校学生处在思想价值观形成的重要阶段，而道德素养则是评价高校学生思想价值观的重要参考指标。处在中国特色社会主义新时代，高校教师可以通过讲授国学经典课程，培育学生社会主义核心价值观，以此来提高学生思想道德素质，比如，在讲授《老子》时，教师可将"老吾老，以及人之老；幼吾幼，以及人之幼"的国学思想融入社会主义核心价值观中，引导学生在新时代形成敬老爱幼新风尚。道德素质反映社会文明，开设国学经典课程，提高学生道德素质，对于推动社会文明的进步具有重要意义。因此，高校教师应积极完善国学经典课程教学目标，主动改进国学经典课程教学方法，在教学中多加引用古人经典案例，同时结合现代反面案例，引导学生思考，以此提高对形成良好的道德素质的重视程度。

（3）国学经典课程可推动传统文化的传承

推动传统文化传承，需要高校发挥好教育引领作用，把国学经典课程作为重点课程，建立具有中国特色的传统文化传承体系。此外，高校学生需要认真学习国学经典内容。一方面要确立国学经典课程学习目标，明确学习国学经典课程的方向；另一方面要主动利用课外时间查阅国学经典课程书籍，补充知识内容，提升个人国学文化素养，在学习国学经典课程中形成正确的、积极的思想价值观。因此，对于高校学生而言，重要的是培育个人学习国学经典课程的学习兴趣。

2. 中国文化传承视角下的国学经典创新教学方式

（1）在技术角度创新教学方法

第一，利用数字媒介传播技术开展国学经典课程教学，不失为一种新兴的教学选择。国学经典课程与数字媒介传播技术相结合，使教师可以更加具象化地展示教学内容，让学生对国学内容有新的理解。比如，教师可以用音频让学生感知“高山流水”中蕴含的古雅意境，还可以用视频让学生理解“呦呦鹿鸣”的美好场景，同样，教师可以用图片来为学生展示“扶摇直上”的生动意象，通过这些，相信学生能够形成对国学内容学习的兴趣，从国学内容中学习到有益于指导个人生活的思想精髓。

第二，利用微信等软件建立交流群开展国学经典课程教学。教师可以实现和学生的在线交流，同时也可以为学生在线分享与国学经典课程相关的最新研究成果，随时为学生答疑解惑，推动学生国学文化素养发展。以微信为主的即时聊天工具，成为高校教师与学生建立沟通联系的主要选择，借助这一聊天工具产生的交流群，教学内容得以线上传播，教学质量得到改善提升。因此，高校教师要积极利用好微信群，在群内主动分享与国学有关的内容，引导学生在群内开展线上讨论，在此过程中提高学生的学习积极性，推动国学经典课程传播的创新发展。

第三，利用数字成像技术开展国学经典课程教学，是推动传统文化传承发展的有效手段。教师可以主动寻求与校外合作，将数字成像技术应用到实际教学中来，帮助学生加深理解课程内容。学生在脑海中建立意境是理解国学内容的一种有效方式，而意境的建立，需要教师运用数字成像技术，为学生带来直观的、丰富的感官体验，这样学生也就能够通过感官与意境建立联系，体会古人“三省吾身”的精神，以此形成对国学内容的独特思考。因此，教师要主动寻求利用数字成像技术，为学生讲授国学文化的内容，传递其中蕴含的思想精髓。

(2) 在思想层面创新教学理念

第一，重视培育学生的历史文化情感。学生是历史文化的继承者和传播者，因此，高校教师要重视培育学生的历史文化情感，这也是建设社会主义文化强国的应有之义。应该认识到，国学经典课程不应只是讲授传统文化知识，传播具有现实指导意义的思想也是其主要目标。

第二，重视古典文章的积极指导作用。从内容层面来分析，国学经典包括了知识内容和思想内容两方面，这对教师教授国学经典课程提出了相应要求。高校教师要明确教学目标，利用有效的教学手段，让学生产生对学习国学经典课程的兴趣，逐步扩充学生对国学经典内容的认知，在此过程中，通过讲授优秀古典文章，使学生形成正确的思想价值观，提高学生的思想道德素养。高校教师要重视古典文章的积极指导作用，让学生在品读古文中与古人建立思想联系，感悟古人对于民族情感的精神寄托，学习古人对于民族文化的传承发扬，指导学生形成对民族文化的认同感，在传承中发展好国学经典内容，在发展中提高个人思想文化修养。

第四节　汉语言文学中的中国历代文学教学

一、中国历代文学理论的演变与教学实践

(一) 中国历代文学理论的嬗变

1. 文原论

《文原》是明代鸿儒宋濂所作的关于文学、文章的理论著作。文原二字拆开来说，文指的是文学、文章，原指的是本源、本体。我国古代文学作品多用“原”做文章的名字，比如《原道训》《原道》等。本书所指的“文原论”并不是要对《文原》这篇文章进行研究，而是指对文学的本源、文学的本体或文学的原理的思考。文学有不同的功能和作用，不同的方面的文学作品有不同的特征。我国古代文学作品中也有很

多关于文学本质、功能和特征方面的论述，而且已经形成了相对比较系统的理论。

（1）“文原于道”“文以明道”“文以载道”是以儒家为代表的主流文学理论学派的纲领。

“道”在我国先秦典籍中是一个很常见的词汇，儒家的代表人物荀子就已经有了“文以明道”的思想。“文以明道”指的是文学作品的功能，在荀子看来，“圣人也者，道之管也。天下之道管是矣，百王之道一是矣；故《诗》《书》《礼》《乐》之道归是矣”。“诗”和“乐”都属于古代的文学艺术范畴，荀子从“文以明道”的角度将两者纳入“圣”道范畴之内。

“文原于道”是从文学产生的角度提出的观点。刘想是南朝梁时期的文学理论家和文学批评家，对文学作品进行了充分的论述，他在《文心雕龙》中提出了自己“文原于道”的观点。《文心雕龙》是一部有辉煌成就的文学理论著作，是现存最早的一部文学批评专著。刘想通过对不同文学作品的研究，第一次系统地论证了“文”和“道”的关系，从哲学和政治的角度思考文学的本质。在刘想看来，“文”是依附于“道”而形成的，同时“文”又是相对独立的，这是一个辩证统一的关系。在我国古代文学史上，对于“文”与“道”的关系是一个长期争论的命题，至今仍有很多关于两者关系的研究。“文”与“道”的关系之所以能够一直为学术界所研究，就在于这个问题涉及对文学的本质、地位和作用的思考。刘想的“原道”理论将文学从理论的角度进行了定位，并且提供了完整的理论依据。清代著名文学家纪晓岚对刘想的《文心雕龙》给予了高度评价，在他看来，“自汉以来，论文者罕能及此，此彦和以此发端，所见在六朝文士之上”，“文以载道明其当然；文原于道明其本然识其本乃不逐其末”。这充分肯定了刘想在文学批评上的成就。刘勰并没有为文学增添神秘色彩，虽然他的“原道”思想将文学上升到社会、思想、人生的高度，但是并没有抹去文学的社会生活属性，认为文学是需要贴近现实生活的。刘想认为“心生而言立，言立而文明，自然之道也”，“文”是出自人的内心，是人们内心世界的文字表达。“道”

随着圣贤的著作流传，圣贤通过文字来“明道”。文学的“原”就是圣贤之道，同时也是社会生活中的伦理之道。文学自古有之，在几千年的发展史上，对“文”与“道”关系的讨论一直非常重视文学与政治、社会和教化的关系。随着时代的发展，古之“道”与今之“道”虽然在意义和内涵方面有所变化，但是“文原于道”的观念依然是具有进步意义的，依然可以指导当今文学理论的发展。

“文”与“道”的关系在我国古代的唐宋时期同样引起了文坛的热烈讨论，并且对我国的文学理论思想产生了久远的影响，直至明清时期。从宋代到明代，不同的文学理论家提出了不同的文学理论，并且创立了不同的理论学派，但大多是从文学的伦理道德角度考虑文学的教化功能，认为教化当是文学之本。前文所提及的明代鸿儒宋濂的《文原》，也并未对“原”提出多少新意，主要是对“原道”之说进行的重新论证。《文原》中：“呜呼！吾之所谓文者，天生之，地载之，圣人宣之，本建则其末治，体着则其用章，斯所谓秉阴阳之大化，正三纲而齐六纪者也。亘宇宙之始终，类万物而周八极者也。呜呼！非知经天纬地之文者，乌足以语此！”其实与刘想的《文心雕龙·原道》中“文之为德也大矣”“道沿圣以垂文，圣因文而明道”是一个意思。

由此可见，将“文”与万物、圣贤之道联系起来进行思考一直是中国古代文学的重要命题，从而形成了“文原于道”“文以明道”的重要思想。同时，“文原于道”“文以明道”也作为中国古代文学的纲领见解引领了中国文学几年前的发展，这也可以看作是中国古代文学的重要特色。

（2）我国古代文学理论的另一个重要观点就是“情志说”。也是当今文学依然经常使用的理论观点。

我国自古关于诗的本质的讨论就有“诗言志”的观点。“志”代表“志向”“思想”。我国先秦教育家孔子在谈及个人发展时曾说：“志于道，据于德，依于仁，游于艺”，可见，古人对志向的理解应当是“道”，要合乎社会之道。诗是我国古代文学的重要体裁，也是抒发个人情感、表达个人志向的重要载体，如果只是把诗歌当作用来明志的载体，必然会限制诗歌的发展。因此，《毛诗序》对诗歌进行了具体的解释："诗者，志之所之也，在心为志，发言为诗，情动于中而形于言，言之不足，故嗟叹之，嗟叹之不足，故咏歌之，咏歌之不足，不知手之舞之足之蹈之也。"

从《毛诗序》中可以看出，我国古代文学观念发展的另一个重要的方向就是"志"与"情"的融合。在古代文学中，作品是要体现个人情感的。情感源自人的内心和思想，是文学作品的一个重要因素。但是古人对文学作品的情感抒发还有一个限制条件，那就是"发乎情，止乎礼义"。也就是说，情感的抒发要有一个道德底线。文学作品是抒情言志的重要表达方式，这一点至今依然是文学作品不变的话题，有所改变的只是"情"与"志"的内容。

我国古代文学作品理论由先秦时期的"明道"，发展到了"抒情言志"。到了魏晋南北朝时期，文学理论强调文学的"缘情"和"情性"，这也是古代文学观念的创新。西晋诗坛的代表人物陆机曾说："诗缘情而绮靡。"刘勰的《文心雕龙》中也有"诗者，持也，持人情性"之说。性情的观点主要是从"人"这一文学创作主体的角度出发，认为文学创作应当对"止乎礼义"进行突破，主张文学作品应当打破"礼义"的束缚，充分展现创作者的主体性和个性。我国古代文学作品十分注重吟咏情性、独抒性灵、明心见性，着重体现创作者的主体精神，这些对当代文学理论的构建提供了良好的借鉴。

(3) 古代文学理论家们向来关注对文学作品社会功能的讨论。西方文学理论大多带有功利性主张，少有纯文学的理论。我国古代的文学理论总体上重视文学作品的政治和教化功能，这与西方文学作品是有区别的，也是我国古代文学理论的主要观点。这种观点和之前所说的"原道"思想息息相关。

孔子的"志于道，据于德，依于仁"的思想主要是为社会政治和社会教化服务，同时也将文学作品纳入社会道德的范畴，儒家思想中的"原道""明道""载道"都是为了对文学作品的社会政治和教化功能进行定位。孔子作为伟大的教育家，对诗的功能有自己的见解，《论语·

阳货》记载孔子的“兴观群怨”思想：“诗，可以兴，可以观，可以群，可以怨。迩之事父，远之事君，多识于鸟兽草木之名。”“兴观群怨”思想与《毛诗序》中的“经夫妇，成孝敬，厚人伦，美教化，移风俗”都是对诗的教化功能的思考。

我国古代的文学作品还有“讽喻”“美刺”“寄托”“讽劝”作用，这也是从文学作品的教化功能考虑的，当然，能够体现这些作用的文学作品都有其特殊的创作方式，比如小说、戏曲等这些我国古代重要的文学作品。明代著名的文学家、小说家冯梦龙创作的“三言”——《醒世恒言》《警世通言》《喻世明言》，单就名字看就具有明显的教化作用。

（4）通过上面对文学理论的分析可以看出，我国古代文学理论的研究大多是对文学作品的本原进行讨论，主要是从文学的社会属性考虑。但是，文学是具有艺术属性的，而我国古代对文学的艺术属性的讨论相对较少，但是也有少量涉及。在我国古代文学理论中，对文学的艺术属性进行讨论的观点主要是意境论。意境论也可以看作是我国古代文学理论对文学艺术本质的高度概括，体现了我国古代文学作品的美学内涵，在我国古代文学理论中占有重要地位。意境论研究是我国文学作品理论研究的重要方面，至今已有很多的研究成果。意境论的生成在我国具有久远的历史，春秋战国时期的老庄哲学就有了意、象、境的萌芽。经过历史的不断发展，意境论逐渐融合了言与意、情和景、心和物、形和神、韵和味等不同的概念，逐渐成为人们审美的重要因素。

《诗格》是唐代文学家、诗人王昌龄关于诗的一部著作，对诗进行了比较全面和详细的介绍。在《诗格》中，王昌龄提出了他对诗的三境的看法：“一曰物境，二曰情境，三曰意境。”这是我国现有文字记载中第一次提到“意境”一词的著作。王国维的境界说中，物、情、意三者都是意境的组成部分，由此来看，王昌龄的三境都属于意境的范畴，只是对意境的侧重点进行了区分。意境是由主观和客观共同组成的，主观包括“情”和“意”，客观包括“景”和“物”，他们互相融合共同为意境创造出独有的生命力。

意境是一个比较抽象的概念，是人的大脑的反映，这种反映需要结合大脑的已有的知识。意境的整体结构可以看作是一种虚实相济、有无相生的景外之景、景外之言，是一种特殊的艺术效果。在作品欣赏方面，意境不仅对画、书法等有重要的意义，同样对诗、散文、小说等文学作品来说也有重要的地位。文学作品主要是借助文字展现语言的魅力，将文字所表达的思想融于创作者所构建的艺术意境之中。对于文学作品的创作来说，创作者需要具有一定的创造性，需要将现实中的“物”和主观意识中“我”的“志”借助文字转化为具有艺术效果的文字作品，其中需要酝酿出具有艺术欣赏性的意境，这是文学艺术的魅力。文学作品中的意境是文学创作者对“物”和“景”的再创造，是创作者表达思想情感的一种手段。同时，对于读者来说，意境可以让读者与作者产生思想共鸣。我国古代文学理论家们对意境的总结是对文学作品欣赏的重要理论概括，同时也对美学的发展做出了重要贡献。意境对文学作品来说是非常重要的，我国近代的著名学者王国维在《人间词话》中说：“沧浪所谓‘兴趣’，阮亭所谓‘神韵’，犹不过道其面目，不若鄙人拈出‘境界’二字为探其本也。”同时，他还在《人间词叙》中说：“文学之事，其内足以摅己，而外足以感人者，意与境二者而已。上焉者意与境浑，其次或以境胜，或以意胜。苟缺其一，不足以言文学。”

文学作品之所以具有生命力和欣赏性就在于有“意境”二字，没有“意境”的文字不能称为文学作品。因此，王国维还说：“文学之工不工，亦视其意境之有无，与其深浅而已。”这是对文学作品中意境的深刻认识，是王国维对文学之事的真知灼见。西方的文学理论中有很多不同的学说，如模仿说、再现说、表现说等等，这些理论主要是对文学作品的创作方法加以区分。对于文学理论来说，我国的意境论将主观与客观进行融合，将文学作品的表达总结得淋漓尽致，这也是我古代文学理论的特点。

2. 创作论

我国古代的文学理论家对于文学的创作同样有着很多独到的见解，可以从诗论、文论、戏曲论、小说论中找到古代文学理论家的创作论。

我国的古代文学理论的文字记载中有很多关于文章的创作方法、诗律启蒙的书籍，这些书籍也可以看作是创作理论的范畴。但是真正的创作论应当是一种系统性的研究论述，包括对文学的创作动机的发生、创作构思的特点、内容与形式的关系、语言文字的魅力等这些带有规律性的问题。

文学创作是相对比较枯燥的事情，是一种具有创造性的实践活动。大多数创作方法的形成都是基于丰富的创作实践，通过对实践的总结来指导创作者进行再创造。但是，文学创作还是一种非常复杂的思维活动，需要创作者对自己精神世界进行文学表达。文学的创作论只是为创作者提供借鉴，并不能让创作者直接进行创作，因此，文学创作主要还是需要创作者自己亲自实践才能体会创作中的甘苦。陆机在《文赋》序中说："余每观才士之所作，窃有以得其用心。夫放言谴辞，良多变矣，妍蚩好恶，可得而言。每自属文，尤见其情。恒患意不称物，文不逮意。盖非知之难，能之难也。"

刘勰也曾说："方其搦翰，气倍辞前，暨乎篇成，半折心始。何则？意翻空意翻空而易奇，言徵实而难巧也。"又说："至于思表纤旨，文外曲致，言所不追，笔固知止。至精而后阐其妙，至变而后通其数。伊挚不能言鼎，轮扁不能语斤，其微矣乎！"

由此可见，我国古代的文学理论家早已意识到文学创作不单单需要创作的方法，同时还需要自己亲身体会创作的玄妙之处，总结创作实践的规律。这就需要创作者不断地进行创作实践，在实践中领悟创作的奥妙。创作的玄妙是很难用语言来表达的，是一种精神世界的感悟。但是，文学的创作还是有一些规律可循的，这也是文学创作的共性问题和基本问题，值得创作者借鉴。

（1）我国古代文学创作理论中讨论的一个基本问题是心物感应，这也是中国古代哲学的一个命题。西方的文学理论多种多样，有的从现实生活出发解释文学创作的思想源泉，有的从神学的角度或者个人的主观意志冲动角度解释文学创作，如此产生了许多的文学理论流派。与西方的文学理论不同，我国古代文学理论家对文学创作有一个共同的观点，那就是文学创作是一个心物感应的过程，也就是心物感应论。心物感应是我国古代文学理论家对文学创作的总结，将创作看成创作主体与客体的融合。在我国古代文学理论家看来，文学创作中的“心”与“物”是相互依赖的，是两者相互融合的结果。他们并不过分强调“心”或者“物”某一方面的突出作用，认为抛开任何一方，文学创作都无从谈起。因此，心物感应论既不是唯心主义，也不是唯物主义。古代文学理论家将“物”看作是创作的基础，将“心”看作是创作的主导。心物感应论中的“心”和“物”无分轻重，其中的“心”就是创作者的思想，而“物”则可以是自然界的事物、景物。我国古代文献中有很多对“物”的看法和论述，其中刘想和钟嵘的著作对“物”的描述最为形象。刘想在《文心雕龙》中对“物”的描述为“情以物迁，辞以情发”，这是一个著名的论断。钟嵘在《诗品序》认为“气之动物，物之感人，故摇荡性情，行诸舞咏”，同时他还做了具体的论述：“若乃春风春鸟，秋月秋蝉，夏云暑雨，冬月祁寒，斯四候之感诸诗者也。嘉会寄诗以亲，离群托诗以怨。至于楚臣去境，汉妾辞宫。或骨横朔野，或魂逐飞蓬。或负戈外戍，杀气雄边。塞客衣单，孀闺泪尽。或士有解佩出朝，一去忘返。女有扬蛾入宠，再盼倾国。凡斯种种，感荡心灵，非陈诗何以展其义？非长歌何以骋其情？”

钟嵘认为能够“感荡心灵”的事情有很多，既包括自然界的四季交替，又包括社会生活中的爱恨离别，还包括社会政治的动荡。通过这些事，人们的心灵能够受到感触和启发，这就是一种心物感应。诗歌、小说等文学创作的心物感应都是如此，其他文艺作品如喜剧等亦如此。刘鹗是清末著名的小说家，他用“哭泣”来比喻文学创作。《老残游记》是刘鹗的代表作，其《自序》中有云：“盖哭泣者，灵性之现象也。”由此看来，刘鹗认为哭泣是一种灵性表现，而灵性则表示人能够对物产生反映。《自序》中又说“灵性生感情，感情生哭泣……吾人生今之时，有身世之感情，有家国之感情，有社会之感情，有种教之感情。其感情愈深者，其哭泣愈痛。”在刘鹗看来，人们的心物感应会产生感情，而感情会引发人们哭泣，对某种“物”的感情越深，哭泣得就越厉害。感

情也分为很多种，有的是对自己身世的感情，有的是对国家的感情，有的是对社会的感情。刘鹗认为文学创作可以看作是人对现实社会的哭泣，他列举《离骚》《庄子》《史记》等文学作品的作者，认为他们创作的作品原因都是对某种事物的哭泣，与现实社会的境遇有不可分割的关系。

（2）创作者在经历或者看到某些“物”之后就会有自己的对“物”的思考，然后开始进行文学艺术的构思。文学创作是一个思维活动的过程，需要对文学作品进行艺术构思，可以看作是一种“神思”。《文心雕龙》作为一部著名的文学理论著作，对于“神思”有着独特的论述：“形在江海之上，心存魏阙之下。神思之谓也。文之思也，其神远矣。故寂然凝虑，思接千载；悄焉动容，视通万里。吟咏之间，吐纳珠玉之声；眉睫之间，卷舒风云之色。其思理乏致乎！故思理为妙，神与物游。神居胸臆，而志气统其关键；物沿耳目，而辞令管其枢机。枢机方通，则物无隐貌；关键将塞，则神有遁心。”

通过这段文字可以看出，刘想认为文学创作者应当有丰富的想象力和想象空间，应当具有宽阔的胸怀和视野，这样才能进行有效的“神思”。同时，他还认为创作者的神思应当根据物的变化，并不是简单的逻辑推理，是具有鲜明的形象性的，这也可以称作形象思维。另外，通过刘勰的论述可以看出，创作是有其自己的过程的，是由物到神再到辞的创作过程，它们之间一个递进的关系。这也同时印证了陆机《文赋》中“恒患意不称物，文不逮意”的观点。刘想对“神思”的论述，表明魏晋南北朝时期的文学理论家就已经对文学的创作过程及其艺术特征有了较为清晰的认知。因此，“神思”也成为我国古代文学理论的专有名词，具有丰富的内涵，展示的文学创作的玄妙。古代其他文献中也有关于“神思”的相关论述，但大体都与刘想的观念相差无几。

宋朝也是我国文学发展比较繁荣的一个朝代，这一时期文学的发展丰富了我国古代的文学理论。严羽是宋朝著名的诗论家、诗人，他在《沧浪诗话》中提出了文学创作的“妙悟”之说，指出：“大抵禅道惟在妙悟，诗道亦在妙悟。且孟襄阳学力下韩退之远甚，而其诗独出退之之上者，一味妙悟而已。惟妙悟乃为当行，乃为本色。”

“妙悟”是严羽提出的一种新的艺术认知方式，被严羽称为“别才”和“别趣”。严羽认为思想不应当被语言束缚，不应当受逻辑思维的控制。妙悟就像是镜花水月，妙趣无穷，其中意境是无穷无尽的。由此看来，严羽的“妙悟”与刘想的“神思”虽然文字表达不同，但其中蕴含的思想还是有异曲同工之处，都是为了表达思维活动的独特性。

清代初期的诗词理论家王士祯，通过自己对文学创作的领悟提出了“神韵说”。在王士祯的“神韵说”中，他非常重视“神”的作用，但是也不忽略“兴”。王士祯在他的《池北偶谈》说：“大抵古人诗画，只取兴会神到，若刻舟缘木求之，失其旨矣。”

“兴会神到”非常形象地表述了“兴”和“神”的关系。“兴会”可以看作是创作者的灵感，而“神到”可以看作是创作者的艺术构思。总的来说，“兴会神到”注重灵感的启发，认为文学作品不是生硬的“强作”，需要借助“物”来感受创作的冲动，这样才能创作出富有意境的作品。如果没有外物变化带来的灵感，文学创作是不可能完成的，而当“物”的变化带来灵感时，创作就会水到渠成，不受自己的控制。

类似“兴会神到”的理论还有很多，在诸多文献中都有体现，但都体现了我国古代文学理论家对文学艺术特征的认识，这是非常可贵的理论认知，与西方的文学理论有所不同。

（3）文学作品所表达的思想需要文字作为载体。没有文字就没有文学作品，也就没有语言艺术。因此，文学理论也需要对文字的功能以及使用技巧进行研究，这也是文学理论家们比较关注的一个问题。我国古代文学理论中有很多关于文字使用技巧的研究，主要研究方向集中在遣词造句、修辞炼字、篇章结构、详略隐秀等。古代文学理论家对文字的研究，主要是为了分析文字能否完整清晰地表达创作者的主题思想，能否展现文字的艺术魅力。

“言意之辨”是我国古代的一个重要的哲学命题，最早由庄子学派的创始人庄周提出。魏晋南北朝时期，由于文学的发展，文学理论家们对“言意之辨”进行了深刻的讨论，其讨论的主要问题有两个，一个是

“言不尽意”，另一个是“言能尽意”。“言意之辨”，给古代的文学理论家带来了很多的启示。同时，通过“言意之辨”，意境论也得到了很大的发展。西方的符号美学对语言符号功能的分析也给了我们很多的启示，从能指与所指的关系看，我们可以理解“意在言外”和“言意之外”等诸层面的指称关系。我国的古代哲学文献中也有很多关于“言”和“意”的论述。《易・系辞上》说：“子曰：‘书不尽言，言不尽意’。然则圣人之意，其不可见乎？子曰：‘圣人立象以尽意，设卦以尽情伪，系辞焉以尽其言。’”

通过这段论述可以看出，语言是有局限性的，仅仅通过“言”和“书”很难表达所有的思想。因此，圣人又用“象”“卦”和“辞”来补充“言”和“书”的不足，可以唤起人们的想象力，使思想表达得完整清晰。文字的表达是有限的，但是文字中蕴含的意境则是无限的。这就需要准确地使用文字来引起人们的联想，使文字所表达的意思准确地传入读者的思想。我国古代的思想家庄周对此阐述得比较深刻，《庄子・天道》有云：“世之所贵道者书也。书不过语，语有所贵也。语之所以贵者意也，意有所随。意之所随者，不可以言传也。”

这就是“只可意会不可言传”的出处，也是一种思想境界。这种思想也体现在庄周的“得意忘言”之中，《庄子・外物》有云：“筌者所以在鱼，得鱼而忘筌；蹄者所以在兔，得兔而忘蹄。言所以在意，得意而忘言。”

这都是古代思想家们对文字局限性的理解，同时也是对“言不尽意”问题的思考。“言不尽意”在庄周时代就已经进行了充分的论证，但是到了魏晋南北朝时期，思想活跃的理论家们又将这一问题引出来重新进行讨论。西晋文学家欧阳建曾经对“言不尽意”提出过反对的观点，在《言尽意论》中提出：“名逐物而迁，言因理而变，此犹声发响应，形存影附，不得相与为二，苟其不二，则言无不尽矣。”

这种观点并没有考虑文学作品需要表达思想内涵的属性，没有考虑文学创作的意境表达，自然有其局限性。因此，欧阳建才能提出与庄周不同的观点。曹魏时期另一位哲学家王弼对“言”和“意”也进行了充分的论述，在他的《周易略例》有云：“夫象者，出意者也；言者，明象者也。尽意莫若象，尽象莫若言。言生于象，故可以寻言以观象；象生于意，故可以寻象以观意。意以象尽，象以言著。故言者，所以明象，得象而忘言；象者，所以存意，得意而忘象。犹蹄者所以在兔，得兔而忘蹄；筌者所以在鱼，得鱼而忘筌也。”

这段问题讨论了“象”的作用，在“言不尽意”时，“象”则是一种很好地表达手段。在语言文字的发展中，“象”可以看作是古人的一种语言智慧，通过象可以使语言的表达更加完美，充分体现了我国语言的艺术魅力。我国古代文学理论家们受“言意之辨”的启示，对语言艺术进行了深刻的总结，是我国语言文字艺术的结晶，有许多“得其用心”之说值得我们深入研究。然而，当前我国的文学理论研究中，对国外的形象思维进行了很多的探讨，往往忽视了富有语言魅力的本土理论，这是语言理论研究上的一个失误。因此，我们要充分重视对古代文学理论的研究，让古人的语言智慧在当今社会依然能够发挥其重要的价值。

(4) 言不尽意是由语言本身的局限性导致的，是因为文学作品承载着“意”。对于文学作品来说，“言”是有限的，但是作品所表达的“意”是无限的；“言”是有固定的而且散碎的，但是作品的“意”是缥缈且完整的。语言的使用是一门艺术，文学创作者就是要掌握这门艺术才能在有限的“言”中表达出自己无限的“意”。中国的文学以汉字为载体，属于汉语言文学。中国的汉语言学家们为了能够充分展现汉字的表现能力、充分发挥汉字的功能，对汉语言进行了很多理论研究。这些研究中包括语法修辞、章句炼字等等。汉字特殊的声韵和造型结构具有拼音文字所不具备的文字魅力，使之具有丰富且独特的文字表现能力。这一点不但体现在我国古代诗歌中，同样体现在其他文学作品中。

在南北朝之前，虽然也有对文艺作品声律的研究，但研究主要是针对音乐。到了魏晋南北朝时期，古代人们才开始重视文字的声韵之美，并且对声律的研究进行了深入而且广泛的探讨。当时对文学作品声律的研究已经从诗歌、骈文等扩展到散文。西晋著名的文学家陆机，在他的

《文赋》中有云："暨音声之迭代，若五色之相宜。"在陆机之前，古人已经尝试在诗歌中运用音乐宫、商、角、徵、羽的五种音调。经过魏晋时代的发展，齐梁时期的沈约等人提出了诗歌创作的"四声八病"，至此，对诗歌音乐美的要求才得以明确。通过对齐梁时期的文献研究可以发现，当时的文坛非常讲究诗歌的"四声八病"，而且当时的诗坛已经形成了一套比较完整的符合当时诗歌美学的声韵理论。

沈约的《宋书·谢灵运传论》中有云："自骚人以来，此秘未睹。"对于音韵的使用，在沈约等人发明"四声八病"之前就已经有了，只是沈约等人通过"四声八病"将音韵的使用更加具体和规范化了。音韵能够为诗歌带来抑扬顿挫的旋律美，能够提升诗歌的艺术表现力。《文心雕龙》中有两篇关于声韵的文章，分别是《声律》《俪辞》，这两篇文章对四声变化、双声、叠韵、文辞对偶等问题进行了深入的探讨。六朝时期古人们对声律的讨论对后世格律诗的发展产生了很大的影响，甚至影响着后来宋词和元曲的发展，这源于我国汉字独特的声韵特征，具有鲜明的民族性。

我国的历史也是一部文学发展史，有很多关于文学创作相关的理论研究，比如对《诗经》中"赋、比、兴"的研究，还有对文学创作谋局部篇、立意措辞等方面的研究，大多是对文学创作的形式技巧方面的探讨，本书就不再一一介绍了。

3. 鉴赏论

文学鉴赏也可以称作是文学批评。过去，人们习惯使用文学批评史来指代我国古代的文学理论史。实际上，我国古代对诗话、词话、小说、戏曲等文学作品的批评更多的是一种文学鉴赏，很少对创作者的作品进行系统和整体的分析批评。

(1) 知音识器说。我国古代的文学鉴赏特别重视"知音"，因为文学鉴赏是读者对作品的艺术感受，是一个审美活动，需要读者通过作品与作者产生思想上的共鸣，否则就难以实现真正的鉴赏。就像音乐欣赏一样，如果听者没有一双能够享受音乐的耳朵，再优美的音乐也无法将他打动。知音难觅，钟子期和俞伯牙的故事就是一个很好的例子。如果没有一个善听者，再好的演奏也只是演给自己。刘想在他的《文心雕龙·知音》对“知音”也进行了详细的探讨，其中有云：“知音其难哉！音实难知，知实难逢，逢其知音，千载其一乎?”虽然文章对知音的描述有些夸张，但是确实能够看出知音之难。作品能否被真正鉴赏，取决于是否能够找到作品的知音，当然，被鉴赏的作品同样也需要有真正的鉴赏价值。知音作为鉴赏者，也需要有一定的文化理论水平和相关的文化修养，否则很难用正确和客观的态度鉴赏作品。知音对作品的鉴赏应当是公平公正的，任何带有主观偏见的鉴赏者都不是真正的知音。《文心雕龙·知音》中提到，带有主观偏见的鉴赏者会导致：“会己则嗟讽，异我则沮弃，各执一隅之解，欲拟万端之变，所谓东向而望不见西墙也。”因此，文学作品的鉴赏对鉴赏者也有较高的要求，需要鉴赏者有比较全面的知识，这样才能保证对作品的高水平鉴赏。识器讲的就是鉴赏水平。

从另一个角度讲，人作为独立的个体，都会有自己的思想。鉴赏作为一种文学批评活动，难免会掺杂鉴赏者的主观成分。因此，文学鉴赏需要有一定的客观标准。刘想在《文心雕龙·知音》中对文学作品鉴赏提出了“六观”的看法，文章中说：“一观位体，二观置辞，三观通变，四观奇正，五观事义，六观宫商。”通过“六观”将文学批评的标准更加明确化，给文学作品的鉴赏者提供了参考方向。

自古以来，文学作品的鉴赏就是人的主观思维活动，同时，文学作品也是种类繁多、丰富多样，加之鉴赏者文化、水平的差异导致这项文学审美活动必然会众说纷纭。对于鉴赏者来说，能做到的就是保持一颗客观、公正、无私之心，运用自身所学，提高文学鉴赏水平。

(2）个性风骨说。在我国古代，大多数的文学鉴赏都是对作品整体风格的感受，鲜有鉴赏者会对文学作品进行细致和有条理的分析。因此，古代的文学鉴赏都侧重于文学作品所表达的风神、气象、风骨、气韵和意境等。这种鉴赏方式也可以称作是对文学作品风格美的鉴赏，这也是我国古代文学鉴赏的特色，比如“汉魏风骨”“盛唐气象”“风清骨竣”等等。文学作品的风格具有创造性和多样性，不同的文学作品表达

着不同的个性，这是因为创作者有着不同的个性、习惯和风采。文学作品之所以会形成不同的风格，就在于作品必然会留下创作者自身个性的烙印。关于作品的风格，刘想将其概括为八种，分别是典雅、远奥、精约、显附、繁缛、壮丽、新奇和轻靡，当然，这只是文学作品风格的大概。刘想还对贾谊、司马相如、扬雄、班固等不同创作者的作品进行论述，分析他们才、学、志、气的不同对文学作品风格带来的差别，这也为后来的评论家们提供了一个很好的品鉴方法。比如，钟嵘在他的《诗品》中就使用了刘想的方法进行文学批评，他用自己的观点将诗人分为上、中、下三品，分析不同品类诗人的风格差异。唐代的司空图同样采用了刘想的品鉴方法，他在《二十四诗品》中对各种不同风格的文学作品进行比较直观的鉴赏，然后再对这些不同进行象征性的描述，这对我国古代的文学鉴赏产生了比较深的影响。“风骨”与“风格”有所区别。“风骨”反映出文学作品所要表达的思想、情志，主要是通过辞藻来表现，要求辞藻富有感染力、有力量，所谓“风清骨峻”“文明以健”自然是一种健康而又有艺术力量的风格。

（二）文学理论课混合式教学的实践探究

1. 混合式教学在文学理论教学改革的必要性

文学理论是一门相对比较单调的课程，但同时也是一门基础课程，可以培养学生的理论思维能力。由于文学理论课程中的理论知识比较抽象、晦涩难懂，导致传统教学对学生的吸引力不够，学生的学习兴趣比较低。主要原因有以下几个方面。

(1) 教材内容相对老化，无法与时代的发展相适应。当前，很多学校使用的教材依然是多年前的编写的，脱离了当前的时代背景，理论陈述比较古板，不利于学生的阅读，很难与互联网时代的文学实践接轨。当前时代是互联网的时代。“互联网＋”的提出极大地丰富了学生的互联网生活，各种文学现象在互联网上广泛传播，层出叠见。互联网上出现的很多文学现象已经溢出了教材的解释范围，这就会导致学生对教材的信任度降低。在传统的文学理论教材中，鲜有介绍网络文学的，对网络文学的接纳程度比较低。但是，当代大学生是互联网的土著，是伴随着互联网长大的一代。互联网已经成为当代大学生生活的一部分。当代大学生喜欢网络文学，同时也喜欢在网络上进行阅读和创作，这就要求文学理论课程必须顺应互联网的发展。

(2) 视觉文化的发展要求文学理论教学必须与时代相适应。文学理论是一门主要研究文学以及文学活动规律的学科，对文学的性质、特点、构成、功能、价值、文学创作、文学接受、文学发展等方面，从理论的高度进行规律总结、阐述。因此，文学理论的学习需要学生有大量的经典文学作品的阅读积累，只有这样，学生才能更容易理解文学理论中的抽象概念。但是，随着社会的发展，人们对精神生活的需求越来越高，影视作品作为一种比较直观的视觉和精神享受更容易让人接受，因而得到快速的发展，形成了一种视觉文化。当前，视觉文化也已经成为人们生活的一部分，同时也影响着大学生的阅读习惯。大学生大多选择视觉体验，很少有能够静心阅读的，对于阅读也只是“不求甚解”，这极大地影响着大学生对文学理论的理解。阅读习惯的改变使大学生的文学积淀不足，也就很难提高其文学鉴赏能力，更不利于学科知识的学习。

(3) 网络时代信息传递方式的改变要求文学理论教学必须做出改变。当代大学生已经是“00”后的天下，他们成长也伴随着我国互联网的发展，与互联网有着天然的亲密性。对于新生代的大学生来说，互联网不但是一种信息传递的媒介，而且是他们认识世界的工具，极大地改变了他们的认知过程。在互联网时代，大学生更愿意通过互联网汲取知识，更愿意选择平面化、视觉化的学习方式。虽然通过互联网获取的知识大多是碎片化的，但是这种获取知识的方式更容易让大学生接受。因此，传统的文学理论教学必须改变信息传递的方式，使生涩的理论变得更加鲜活。这就需要科学地利用互联网资源来弥补教育资料的不足，同时需要结合学生的特点进行教学，做到以学生为中心。

2. 混合式教学模式建构

传统的文学理论教学是以教师为中心进行理论传授，主要集中在课堂。“互联网+”的到来使教学可以摆脱课堂的限制，更利于学生的自

主学习，改变了以教师为中心的教学观念。混合式教学模式强调学生的主体地位，将线上与线下进行有机结合，有利于学生知识的精准提升。同时，混合式教学对教师提出了更高的要求，需要教师时刻关注学生的不足，做到点对点的对接。

（1）建立学生与教学内容之间的交互关系

混合式教学模式的构建，首先要考虑的就是如何激发学生的学习兴趣。这就要求教师要做好教学内容线上线下的无缝衔接，并且能够与教学大纲相适应。同时，教师要将教学内容微课化，并且精细到每个章节，这样使学生的学习更有目的性，提高学习效率，提高自主学习的能力。具体有以下几个方面。

第一，教师可以将教学中的重难点问题做成微课视频上传到教学平台，并且配有文字解释的 PPT，这样学生就能随时随地通过互联网进行知识强化，加深对重难点的理解。

第二，及时在教学平台发布最新的学术讨论话题，并且将相关资料整理出来使之与教学章节相对应。针对学术话题，组织学生小组对学术话题进行合作研究，可以作为课后拓展，也可以作为课堂讨论。

第三，通过教学平台发布课程相关练习，利用互联网平台深化学生对所学知识的运用。

（2）建立学生与教师之间的交互关系

混合式教育模式能够拉近学生与教师之间的距离，有利于教师与学生之间的教学互动，同时方便教师对学生学习情况的监控。教师通过教学平台及时掌握学生的学习情况，可以针对不同状况的学生开展针对性的教学辅导，提升学生的学习效果，同时保证整体教学过程的顺利实施，提高了教学效率。具体可以通过以下几个方面实施。

第一，在进行教学之前，教师可以在教育平台发布教学的相关信息，比如教学大纲、教学安排、教学目标、课程结构、考核方式等等，让学生对教学有整体了解，有针对性地学习。同时，教师在每节课程教学之前可以在教学平台发布相应的预习信息，引导学生在课前对教学内容进行思考，这样，学生能够更快地进入学习状态，激发自主学习的动力。教学完成之后，教师可以通过教学平台看到学生的学习动态，及时掌握学生的学习情况，对出现的问题及时纠正。

第二，文学理论课注重培养学生的研究思维，需要进行对各种问题讨论的练习。在教学之前，教师可以提前搜集与教学内容相关的热点话题，并且将资料提前发布到教学平台，提前组织课程小组讨论。讨论结果可以直接发布到教学平台，也可以在课堂上陈述，由教师进行总结。教学结束之后，教师还可以在教学平台重新发布讨论话题来巩固教学知识。

第三，课堂答疑也是教学的一个重要环节，但是课堂教学时间有限，这就需要充分发挥教学平台的作用。教学平台是学生与教师沟通的桥梁，学生遇到问题时，可以及时通过平台反馈给教师。教师看到问题后，对于个别的问题可以线上解答，对于共性的问题可以在课堂上着重讲解，这样既节省了时间，活跃了学习氛围。

（3）建立学生与学生之间的交互关系

刚刚进入大学的大一学生，大部分远离了自己原来的生活环境。面对新的面孔，需要重新适应新的学习生活。在这种情况下，学生很容易出现消极心理，希望与人沟通，而文学理论课面对的大部分都是大一学生，这就需要发挥教学平台的交流作用。教师可以鼓励学生在教学平台进行学习交流、增进感情，激发学生的参与热情。

（三）多媒体慕课在文学理论课中的教学探究

1. 文学理论慕课的国内状况

对于文学专业的学生来说，《文学理论》是一门必修课程，主要研究文学的本质、特征和发展规律以及文学社会作用的原理和原则。同时，文学理论也是文艺学的一个门类。通过对文学理论的学习，学生可以提高对文学作品的鉴赏水平，增进对文学概念的理解，形成对文学理论的正确认识。国内外的大学都设置了《文学理论》这门课程，但是我国的课程内容与国外有很大的区别。目前国内的慕课平台主要有中国大学慕课、智慧树和超星尔雅等，也有其他的视频网站，比如哔哩哔哩。哔哩哔哩是随着互联网的发展而兴起的一个视频播放平台，网站上的课

程大部分都是录制的视频，其中有一个套耶鲁大学的文学理论课程，从中就可以看出国外教学内容与国内的不同。另外，哔哩哔哩网站上还有一些国内大学的文学理论课程视频。当然，哔哩哔哩网站的课程只是单纯的视频录像，并没有其他配套的教学资源。中国大学慕课平台上有很多国内大学的文学理论慕课，比如华东师范大学、南京师范大学等等。智慧树也是国内比较知名的一个网上学习平台，但是网站上关于文学理论的课程并不多。国内另外有一个重要的网上学习平台是超星尔雅，它并没有关于文学理论的课程，但是有一些关于文学理论的讲座。总体来看，国内关于文学理论的慕课资源相对不多，主要集中在中国大学慕课平台。

慕课作为一种新型的网上学习方式，丰富了大学生学习的方式和路径。文学理论课作为高校的课程之一，也在慕课方面取得了长足的进步。当前我国文学理论慕课主要有两种情境。第一种是在开放的教室进行，这种情境的慕课就是教师的现场授课，通过网络进行传输，能够让学生有种身临其境的感觉。第二种就是在封闭的录制室内进行，这种情境的慕课只有教师一个人对知识进行讲解，没有师生之间的互动，同时在慕课视频中也会穿插一些视频或者图片等教育资源，一般授课时间在30分钟左右。

2. 文学理论慕课的优势

(1) 视觉化教学更易理解文学理论的抽象性

慕课是一种视觉化的教学形式，能够利用互联网的优势增加不同的教学元素，从而增加学生的学习兴趣。文学理论课由于包含很多抽象的概念，学生在传统的教学课堂上很难理解到位。慕课的教学模式则可以改变这种情况。互联网存在很多的视频、图片素材，教师可以在教学开展前通过互联网搜集自己所需的教学材料，最后通过慕课将一些晦涩难懂的理论知识用生动形象的视频或者图片表达出来，加深学生对理论知识的印象，增进学生对理论知识的理解。教师也可以自己制作一些动画形象来表达需要学生理解的内容，这样不但具有趣味性，同时也提高了教学能力。人的大脑思维对形象事物的印象要比对文字的印象更深。慕课教学可以充分发挥视觉符号的作用，将抽象的概念符号化。

另外，慕课通过视觉化的教学也有助于培养学生的审美直觉，增强学生的学习注意力。也可以说，审美直觉的加入给文学教学注入了新的活力，增强了学生的艺术理解能力，有助于提高学生的审美水平，改善教育教学质量。

（2）促进了对深远地区教学资源共享

改革开放以来，我国经济取得了长足的进步，跃居世界第二大经济体，呈现良好的发展态势。2020 年我国实现贫困县全部摘帽，消除了绝对贫困的历史问题，这是历史性的进步，也是人类发展史浓墨重彩的一笔。但是，目前我国经济发展不平衡依然存在，相对贫困依然存在，这是现实的发展情况。同样，教育资源的不平衡也是我国教育需要解决的问题。互联网慕课的发展让教育打破了空间的界限，可以实现国内教育资源的跨地区共享，这就为教育资源匮乏的地区提供了良好的学习机会，能够使学生通过网络与其他学校的学生一起学习，享受同样的教育资源。慕课教育平台的发展为学习者提供了更多选择的机会，同时，互联网的发展为学习者提供了更便利的学习条件。文学理论的学习需要学生不断地积累自己的文学知识，加大文学作品的阅读量。但是，受社会环境和时代发展的影响，新一代的大学生鲜有能够沉下心来进行阅读的，更不愿意为了阅读去专门找图书馆借书。因此，通过慕课平台，教师可以将文学理论教学中必看的书目直接上传到教学资源中，鼓励学生进行电子阅读，这样既节省了学生买书或者借书的时间，又可以让学生随时随地进行阅读，同时也可以完成教学目标。

（四）文学理论课翻转课堂的教学实践

1. “翻转课堂”对于文学理论的教学价值

“翻转课堂”是相对于传统的课堂教学而言，也是一种新的教学模式。在翻转课堂教学模式下，学习的主动性完全掌握在学生手中，教师只是对学生的学习进行引导和答疑。在课堂上学生主要是对问题进行探讨和分析，教师与学生是合作的关系。在课堂外，学生需要利用自己的时间完成对专业知识的学习，主要是通过教师的视频课程。在翻转课堂

中，课堂气氛比较自由，学生之间可以自由讨论，也可以和教师一起探讨问题。这种教学模式充分体现学生的主体地位，体现了以学生为中心。虽然翻转课堂以学为主导，但是教师依然有很重要的作用。教师在课堂中可以参与学生的讨论，积极地对学生进行引导，同时适时对学生进行鼓励性评价，只是教师不再是以前在课堂进行知识灌输的形象，更注重教师与学生的互动。翻转课堂的教学地点不受教室空间的限制，而是将学生的学习搬到课下时间的网络。在这个过程中，教师起到一种隐形的推动作用。翻转课堂是信息技术发展到一定阶段的产物，需要现代信息技术对其进行支持。因此，翻转课堂的发展需要与信息技术进行充分结合。在现代化教学中，高校教学正逐渐由“面对面”向“网对网”转变。教师只需要将知识发布到网络，就能让学生通过网络自主学习。

通过对翻转课堂的介绍可以看出，翻转课堂是一种很好的教学改革方向，对文学理论教学改革有很重要的指导意义。首先，文学理论教学的翻转课堂改革，可以让课堂气氛变得活跃。在课堂上，教师成为学生引导者，话题的参与者，不再需要对抽象的理论知识进行讲解，而是让学生自主探讨，充分发挥学生的主观能动性。其次，充分尊重学生的学习个性，让学生自主学习，自主发展，改变原本文学理论课堂枯燥单调的刻板印象。最后，翻转课堂使师生之间的沟通更加紧密，在对文学作品进行鉴赏的时候，学生能够畅所欲言，激活学生的想象力。学生与教师的关系不再像原来那样有距离感，更像是互相进步的朋友。

2. 文学理论“翻转课堂”教学改革途径

（1）教学设计

教学设计是教学中比较重要的阶段，是整个教学的纲领。文学理论教学的翻转课堂设计，可以将教学分为三个阶段，分别是课前、课中和课后三个阶段。

第一，课前阶段。课前阶段主要是为课中阶段服务。这一阶段，教师可以布置课中教学阶段所用到的必读作品，同时布置的必读作品需要能够在其他课程中也用得到。翻转课堂也可以使用慕课、微课等现代信息化教学手段。通过这些教学手段，教师可以节选一些必读作品进行视听加工，增加学生的学习兴趣，同时，还可以进行课前阅读答疑，加强与学生的沟通，将课前预习的效果发挥到最好。通过课前导学，学生对课中的内容就会有整体的把握，为课中的讨论分析奠定良好的知识基础。另外，通过使用现代化教学手段，教师也能够清楚了解学生预习的情况，提高考核效率。

第二，课中阶段。文学理论翻转课堂的课中阶段主要是学生之间的专业讨论，学生掌握着课中的主动权。在讨论之前，教师可以将学生以小组的形式分开。文学理论方面的讨论可以是自身所学的理论知识，可以是预先所读的文学作品，也可以是当下学术界的热点，还可以是最新的学术研究结果，等等。同时，为了增强课中的实践效果，教师可以引导学生对当下比较热点的文艺或者文学作品进行实践性研究，最后可以通过讲座、讨论或者论文等不同的形式对研究结果进行展示。在课中阶段，教师也要全程参与，及时引导，同时要保证学生的主体性，对于比较有见解的讨论要及时给予正确肯定的评价，鼓励学生发散思维。教师要在课中阶段创造完全开放自由的讨论环境，让学生敢想、敢说。翻转课堂注重学生的参与性，教师要合理地分配讨论时间，让学生能够自由发挥创造力，实现师生角色的转变。课中阶段注重师生之间、同学之间的相互交流，在交流中促进学生思维能力的提升，达到巩固所学知识的目的。

第三，课后阶段。翻转课堂的教学模式为教师的教学和学生的学生都带来了很多的便利条件。教学设计的课后阶段并不是主要对学生进行考核，而是要总结课前、课中的经验与不足，进行教学反思。同时，在课后阶段，教师要总结课前和课中的知识点，通过教学平台随时与学生进行互动，为学生提供丰富多样的课后知识延伸活动，促进学生对教学知识的升华。教师也可以在课后通过教学平台让学生对课前、课中进行客观评价，有利于提升自己的教学水平，增加教学经验。课后阶段的主要目的是让学生巩固基础知识，加深对所学知识的思考，提升学生的文学鉴赏水平，促进学生人文素养的提高，增加学生的学习兴趣。

（2）教学内容

教学内容的改革要本着生活化、多元化、民族化、时代化和系统化的原则。进入大学校园的学生已经算是半只脚踏进社会的成年人，需要为步入社会做好充足的准备。大学生有自己的校园生活，也有社会生活。生活化原则就是要从大学生这个特殊的社会群体的生活出发寻找教学资源。无论是理论案例还是实践探索，都要以学生的生活为主体，反映大学生的生活。当然，也可以让学生自己从生活中寻找理论和实践的资源。比如，在对“文学创作作为特殊的精神生产”进行讨论时，教师可以结合大学生比较喜欢的网络文学及其商业化，更容易贴近大学生的生活。多元化原则指的是教师在教学中不应局限于传统观念上的优秀文学作品，要结合传播广泛且具有影响力的当代优秀作品。比如改编为热播影视作品的当代文学作品。这样能够引起学生的共鸣，激发学生的学习动力、培养学生的阅读兴趣。但是，由于影视作品的创作目的不同，有的偏向娱乐化，这就需要教师在选择的时候要进行甄别，要选择符合时代价值观的作品。民族化原则就是教学内容要选择符合民族文化的作品。中华民族创造了灿烂的文明，形成了独特的民族文化。中华民族的优秀传统文化是大学生文化自信的源泉，是教师教学的资源宝库。教师应当重视对我国优秀传统文化的传承，选择具有中华民族风格的作品。同时，我国是一个多民族国家，不同的民族也有其自己的民族文化，教学内容的选择还应当注重民族的多样性。比如，在教学中，教师可以选择不同民族的优秀文学作品，对作品进行比较分析，让学生领略民族文学风格的差异。时代化原则指的是教师的教学内容应当符合当今时代发展的主体，符合社会主义核心价值观。教师应当选择能够体现当代中国精神的文学作品，实现教学内容与时代的同步。当代中国处在百年未有之大变局之中，各方面的发展都取得了长足的进步，物质条件得到很大的提升。在物质生活丰富的时代，大学生很容易出现思想偏差。教师选择富有中国精神的作品，能够正确地引领学生的价值观，培养学生的爱国情怀。

系统化原则主要体现在两个方面，第一是整个教学内容要成体系，不应是分散、无序的。第二是学科教学内容要与学生的专业紧密结合，融入学生整个专业课程体系之中。这就要求教师在组织教学内容时要综合考虑，选择的文学作品要与教学大纲充分契合，还要结合学生其他课程的开课时间，合理地制订教学计划。教师应当注重与其他学科教学内容的交叉，加强与其他学科教师的沟通，使本学科知识能够在其他学科课上得到有效运用。

（3）教学考核

文学理论的教学注重培养学生发散思维、学习能力和文学鉴赏水平，需要充分调动学生的积极性。每个学生都是独立的个体，具有自己的思想，对文学作品有自己的感悟。文学理论教学就是要将学生的个体创造力发挥出来，体现学生的创作个性，让学生得到文学素养的全面发展。但是，传统的文学理论考核以统一考试为主，这样会造成学生为考试而学习。文学理论主要是提升学生的能力，不是为了让学生在试卷上答出标准答案，但是，目前的统一考试试卷在题型设置上不能充分体现这一点。试卷在题型比例上设置不合理，难以充分展现学生的个性思维。这就难以提高学生学习的积极性，使学生的思想被束缚。传统的考核方式难以展现学生的创新思维，无法体现学生的能力。因此，文学理论课程的考核需要重新考虑，适当进行改变。文学理论课程的考核应当注重体现学生的能力，可以选择不同的模块来体现学生的综合素质，需要综合考虑学生的理论知识水平、自主创新能力、自主研究能力、综合鉴赏能力和文字表达能力等。具体的考核过程应当注重学生的参与度，调动学生参与的积极性。在考核题目的设置上应当给予学生更多的选择，设置一些学生比较感兴趣的话题或者是学术界讨论的热点。在题目的选择上，学生可以自主选择喜欢的题目，不受统一题目的限制。另外，题目不需要设置标准答案，教师要着重考核学生在完成题目过程中对理论的实际应用，以能力水平作为评价标准。

文学理论的教学考核改革可以改变以往传统考试的枯燥形式，发挥学生的主观能动性，促进学生的个性发展。同时，教学考核应当重视考查学生平时的学习表现。考核不是教学的最终目的，而是为教学服务的，是为提升学生的综合能力服务的。文学理论考核中对学生平时表现

的考察应当着重考查学生学习的参与度，学习的积极性和能力提升的情况。能力提升的标准应当从学生的鉴赏水平中体现。

总的来说，翻转课堂是文学理论教学实践的创新，是教学改革的一个重要方向，对于提升文学理论的学科教学水平有很重要的意义。翻转课堂可以让文学理论单调的理论教学变得生动活泼，增加教学的趣味性，同时还能提高总体的教学效果。学生通过翻转课堂，由知识的被灌输者成为学习的主动参与者，而且能够提升自己的思维能力、创新能力和文学批评能力。

二、中国历代文学理论话语体系的当代构建

（一）研究文学理论话语体系构建的缘由

文学理论的话语体系是学科思想的灵魂，代表着整个理论学术体系的特点，承载着整个学科的精神风貌，对学科的发展有着非常重要的推动作用。文学理论话语体系与学术体系是密不可分的，是相互独立而又统一的。学术体系代表着学科的总体研究水平，体现着学科研究的高度，而话语体系则是学术体系的概念表达。因此，对文学理论话语体系构建的研究必须与学术体系相结合。只有二者结合起来，才能对文学理论话语体系有正确的认知。目前，文学理论的学科、学术和话语体系已经有多年的历史，也有各种各样的形态。但是，在实际运用中，各个体系还存在一些问题，需要研究者们不断探索和改进，主要是因为三个体系的建设水平有待提高，学术方面创新性不足。因此，需要提升学科、学术和话语体系的建设水平。

一门学科的学术体系是学科的理论逻辑和理论知识，而学科中的概念和术语则是学科的话语体系。概念是思维的细胞，是理性认识的基本形式。概念以语词的形式反映事物的特有属性，表达思想的内容。一个学科的一系列基本概念，把语言和思想连接起来，陈述本学科基本的理论内容，构成了表达学科学术体系的话语体系。因此，对于学科话语体系的建设是非常有必要的。任何一门科学提出的每一种新见解都包含这门科学的术语的革命，文学理论学科同样如此。文学理论学科并不是一

成不变的，也是在时代的发展中不断变化和创新的。文学理论学科的发展会逐渐产生一些学术方面新的见解、新的观点，这些新的观点和见解必然需要新的概念来表达、呈现。马克思说：“观念、范畴也同它们所表现的关系一样，不是永恒的。它们是历史的、暂时的产物。”文学理论的话语体系与时代的发展有很大的关系。不同时代的文学理论话语体系有很大的差别，这主要是因为话语提示是为当时的时代服务的，反映的是当时的文学理论学科所面临的问题。当新的时代来临、旧的时代退去之时，文学理论的话语体系就需要代表新的时代，解决新的时代文学问题，为新的时代文学理论学术体系服务，显示新的时代的文学理论特征。

虽然文学理论学术体系需要话语体系来表达，但是两者的形成不一定是同步的。通常情况也会使用旧的话语体系来表达新的学术概念，这是因为话语体系的形成不是一蹴而就的，需要一个时间酝酿的过程。总体而言，话务体系的形成要比学术体系的形成要晚。文学理论的话语体系是通过文学实践的激发而形成，所以，文学实践是话语体系的基础。

（二）我国文学理论话语体系当代构建的现状

我国文学理论话语体系是十分复杂的，有其历史发展的原因。同时，我国文学理论的话语体系构建水平不一，构建模式不同，没有统一的标准，很难判断目前构建情况的好坏。这也体现了我国文学话语理论体系的构建尚不成熟，各自成说。这种局面对文学理论话语体系的构建利弊兼有：利的方面是，能够为文学话语体系的构建提供多元的选择方向；弊的方面是，由于这种复杂的局面短时间内很难统一，形成自己的风格。总的来说，我国的文学理论体系构建可以用一个比较形象的词来比喻，那就是“夹生饭”。之所以称之为“夹生饭”，主要是因为当前我国文学理论话语体系并没有被完全“欧美化”，但是也不是自己的“本土化”，同时缺少马克思主义科学的指导。也就是说，它夹杂了不少国外“新潮”即现代与后现代的术语和方法，可其命题和思维基本上还是“还原式”。我国的文学理论话语体系比较重视挖掘传统文学理论的特色，但是这些文学理论话语还不足以全部解释现实主义文学问题。虽然

国内一些学者经常愿意将自己的研究向马克思主义靠拢，但是真正的研究内容并没有体现马克思主义的指导成分。

总之，我国的文学理论话语体系的研究和构建目前尚处于非常不成熟的阶段，各种学说层出不穷，既不是完全的“西化”也不是全部的“中化”，总体呈现一种迷茫的状态。虽然使用“夹生饭”对我国文学理论话语体系当代构建状态的比喻有些片面，但是作者并不否认我国在文学理论话语体系构建方面取得的重要成绩，也非常肯定文学理论话语体系构建取得的成果。“夹生饭”的比喻主要是为了指出我国文学理论话语体系构建中目前存在的问题，引起我国学者的重视。

（三）文学理论话语体系构建的基本原则

文学理论话语体系的研究有很多方面，比如文学与非文学理论话语体系的区别、文学理论话语体系的表达、作用、应用等。相对而言，文学理论话语体系的构建原则更值得关注，对它进行研究也是我国文学理论话语体系构建迫切需要解决的问题。

创新性是文学理论话语体系构建的主要特点。创新不是单方面可以完成的，需要结合不同方面的知识和学界各方的共同努力。文学理论话语体系的创新构建既要结合我国优秀的传统文学理论知识，又要结合国外优秀的文学理论经验，还要与当下文学创作的发展形式相适应。同时，想要构建出符合我国文学发展情况的文学理论话语体系，还必须具有总结和凝练概念的能力。只有这样构建出的新的文学理论话语体系才能够体现时代的进步性，展现我国文学理论的民族特色。

社会需要创新才能进步，创新是任何领域都需要的精神，也是时代的主题。文学理论话语体系方面的创新要坚持批判性。批判性是文学理论话语体系创新的关键，也是创新的必然求。当前，我国文学理论话语体系方面存在着各种各样的观点，研究呈现多元化发展。构建的观念和方法鱼龙混杂，互相碰撞。在这种情况下，文学理论话语体系的构建更需要保持批判性，这是文学理论话语体系的灵魂和使命。没有批判性的文学理论话语体系只是一纸空谈，无法真正表达出文学理论的学术内涵创新是一个积累的过程，需要由量变引起质变。文学理论话语体系的创新要经过文学实践的积累，同时也要对先前的经验进行总结。文学理论的发展有其自身的发展历史，凝结着无数先人的智慧。文学理论话语体系构建的创新并不是抛弃，而是要良好的继承之前的话语体系，在其基础上根据文学实践进行再创造。因此，要构建出具有创新性的文学理论话语体系，就需要具有历史眼光，从历史的角度分析、总结、创新。培养历史自觉对文学理论话语体系创新具有十分重要的意义。

（四）文学理论话语体系的创新

继承与创新是一个辩证的关系，在继承中创新，在创新中再次继承。当前我国文学理论话语体系中大部分的内容都是舶来品，很少有我国本土的概念，而具有马克思主义思想的话语则更少。话语体系体现的是语言的魅力，马克思主义经典理论作家也非常重视话语体系的变革与创新。文学理论范式的变革，主要就体现在文学理论话语体系的变革之中。因为话语是具有活力的，能够引申、变异和转移等。

由于缺少本土话语，从国外引入的文学理论话语体系在我国的发展中出现了变化，很多学术的概念、方法等，有的是模糊的，有的是误解的，还有的是错误的。因此，文学理论话语体系的创新要努力实现话语的本土化，使文学理论的概念、范畴等表达得更为清晰明确。同时话语体系的创新要具有逻辑性，能够自成一派，摆脱目前话语体系繁杂的局面。

（五）加强文学理论话语体系构建的意义

1. 文学理论有利于对文学世界的理性和规律性的认识

文学理论话语体系的构建应当是科学的，需要有足够多的实践基础的，并不是个人的主观判断。任何武断的做法都会造成文学理论话语体系的构建与正确道路的偏离。文学理论作为高校的一门课程，也是科学。因此，“可以肯定，科学中有着许多其真理性即使在极遥远的将来也不可怀疑的原理。但是，也同样可以肯定，科学的前沿包含着大量有争议的假说、未经充分检验的事实资料和未经充分论证的理论，这些东西在科学今后的发展中很可能会被证明有误。但这些成分也是科学的不可分割的且富有意义的部分”。我们要理解文学理论话语体系构建中的

这个特点。

2. 文学理论话语体系的构建和表达是变动不居的

新旧时代的交替必然会带来话语表达变化，当旧的话语体系无法适应新时代的发展史，话语就需要发挥其变异的能力，重新构建自己的体系，以应对外部世界的变化，达到适应时代发展的目的。从这方面来看，文学理论也可以建立自己关于话语表达的学科分支。

3. 文学理论话语体系具有历史性、时代性、民族性

中国精神是中国近千年优秀文化的积淀，有其自身的特色。中国文学发展史与中国历史一脉相承，因此，我国文学理论话语体系需要具有中国特色，不能完全使用“国外口音”。但是，面对时代的发展，也不能完全套用古代文论话语。我国文学理论话语体系的构建．还应当紧跟时代的步伐，创造出属于自己的体系。

第五节　汉语言文学中的汉语国际教育教学

一、汉语国际教育中的跨文化传播策略

跨文化传播在当今社会背景下对大众的世界观、价值观和人生观有着非常重要的作用，可以促进国际文化之间的交流以及整体结构的发展平衡，并对我国社会教育资源的整合有非常好的推动作用，跨文化传播在多元文化经济发展的国际社会领域，是一种非常必要的途径在各个国家与民族的人与人的沟通和交流方面，同时也是现代信息传播中不可或缺的环节。在汉语国际教育中的跨文化传播是非常有效的文化传播渠道。所以提高汉语国际教学的教学水平和教学效果就显得非常重要。

（一）汉语国际教育教学中跨文化传播的理论知识

1. 语言和文化传播

一个国家的语言和文化是密不可分的关系，他们之间是一个整体，我们在学习一个国家语言的同时也就了解了相应的文化，如果单单是学

习语言而不了解文化，那么语言也很难完全掌握。语言是文化传承的重要形式，是属于文化的一部分，语言并不只是为了交流和沟通，它不仅仅承担着工具的作用，同时本身就是一种特有的文化。因此，我们在重视汉语国家教学中的跨文化传播也就从某种程度上促进了语言教育教学的发展和进步。

2. 人是文化传播关系的纽带

文化传播对于人类社会关系的形成有非常重要的作用，文化的传播直接决定着人类主体的形成和文化发展，是人类社会非常重要的影响因素，在社会人员共同参与协商的过程中人类社会才逐渐形成，也是在共同参与中传播开来的，因此人类社会关系直接受到人类文化传播的影响，文化传播与人类发展是有着非常重要的联系和共生关系的。

3. “他者”对自我的意义

“他者”这里主要指的是和自我意识的对立面，并不是简单地指他人的意见和建议。“他者”一般阻碍我们对于新知识的学习，因为在主观意识中“他者”会对主体地位产生动摇和负面的影响，刻意地去贬低的思维都会在人的思维方式中根深蒂固，导致个体在面对跨文化传播的过程中产生排他性。“他者”思维是跨文化传播重大的阻碍。但其实，很多的跨文化研究人员通过不断的实践研究发觉，“他者”和自我主体就像是手的正反面一样共同存在，有主体就一定有“他者”的存在，在自我构建中也起着非常重要的作用，它与主体之间相互促进共同发展。

（二）汉语国际教育中跨文化传播的重要性

跨文化传播在我国汉语国际教育教学中有着非常重要的作用，这主要是由于当今社会和世界格局的变化，汉语在人们的日常交流中发展成了非常重要的语言。随着我国国际地位的逐渐上升，文化和经济的腾飞为我国带来了许多进修和工作的外籍人员，各国各民族文化的交流逐渐加深。在汉语国际教学中进行跨文化传播的重要性主要有以下几个方面：首先，由于汉语国际教育主要通过结合汉语语言结构的特点进行教学，所以在汉语的语言教学中可以融入中华传统文化，在进行汉语语言的学习交际中促进我国传统文化的传播是非常有效的；其次，我们在进

行汉语国际教育的目的就是对我国传统文化进行有效传播，汉语国际教育本身就有文化传播的功能，汉语教学就是在进行文化教学，因此更要积极加强汉语国际教育中语言表达和语言运用等交际能力的培养。

（三）汉语国际教育中跨文化传播的有效策略

为了促进汉语国际教育过程中跨文化传播的发展，我们以“立足中国、放眼世界、视域融合、文化翻译”的角度，结合教学目的和教学实践，制定适合现阶段汉语国际教育跨文化传播的策略，以便真正实现跨文化传播的目的、提高汉语国际教学工作水平。

1. 一切文化都是跨文化传播

一切文化都不是孤立存在的，都是一种跨文化，文化的传播也是跨文化传播，这主要体现在汉语国际教育教学中的文化就是传播这一原则。比如文学作品，任何一种文学作品并不是拘泥于某部分国家和地区的人群或民族独有的文学，所以我们更要在汉语国际教学的课堂上对不同国家民族之间的交流、互动、影响进行重点的强调教学，促进学生在学习优秀文化的同时，明白文化的传播属性，优秀的文化是属于全世界和全民族的，要想更好地学习文学作品，应当注重学习各民族、各地区、各国家的文化。要正确认识中国文化在全世界民族文化当中的位置，对中国传统文化的起源和发展秉持健康和积极的心态，在跨文化交流的学习浪潮中自由驰骋。

2. 置身于民族之林传播本民族文化

为了帮助高校学生和教师开拓学术视野，我们要重视对于“东方”文化的研究与传承。从传统意义上讲我们亚洲国家大都属于东方国家，所学习的文化也属于东方文化；欧美等国家属于西方国家，他们民族地区的文化属于西方文化。目前有些学科在高校中还存在“重西方，轻东方”的现象，认为“外国的月亮圆”的现象比比皆是，以“西方”代表“外国”，这种认识是存在偏差的，所以在高校文化课程中，东方文化应当作为主要的文化内容。我们面对跨文化传播主要对象是外国的学生。为了更好地在国际交流和跨文化传播中传播我们的文化，我们还需要在现代汉语国际教学中具备汉语和英语的灵活运用和转化的技能。在目前的教育中很多学生对于汉语和英语两种语言没有进行合理的比较，对于国内和国外的文化也没有合理的认识，这是长期以来在传统的教学模式中，对英语和汉语这两种语言学科的学习还是孤立的、单一的，没有把它们进行有效的联系造成的。为了使学生更好地在汉语国际教育的文化之林中将民族文化发扬光大，开展“汉英语言对比”课程十分必要，这为跨文化传播创设了良好条件和成长的土壤。

3. 正视他者带来的冲击、影响和濡养

在汉语国际教学中我们要形成对跨文化语言传播的整体意识，既要看到东方文化本身的文化价值，也要思考东方文化在传播和发展过程中受到西方某些因素的影响。这就要求高校的教学中要引导学生“视他者、理解他者并生成他者”，在跨文化的传播思潮中正视不同民族、地区和国家的民族差异和文化特征，尽量避免受到“我群中心思维”的约束，在经济文化一体化的新时代，将各个民族文化综合学习、融会贯通。

二、中华文化才艺展示教学实践设计

（一）中华文化才艺展示教学的概述

1. 中华才艺教学的定位

中华才艺教学是作为国际汉语教师必备的素质和技能之一，在我国开设汉语国际教育专业的高等院校都将中华才艺吸收到了正规的课程设置当中。同时，汉语国际教育硕士研究生的面试考察中，中华才艺也是一项重要的评判标准。中华才艺是国际汉语教师必备的技能，也是《国际汉语教师标准》中突出强调的三项基本技能其中的一项。

2. 中华文化才艺的教学内容

目前各高校对中华文化才艺项目的选择呈现出多样化状态。但大多高校比较集中地选择了书法、太极拳、绘画、民族舞蹈、剪纸等才艺；还有部分学校选择了民乐类和饮食类才艺，如民歌、京剧、二胡、古筝、古琴、茶道、烹饪等；另有个别院校选择了独具地方特色的昆曲、巴乌、二人转等。中华文化才艺的项目选择之所以如此广泛，除了与中

华文化才艺博大精深、包罗万象有关，另一个重要原因就是各校的选择标准并不一致。汉办指导性培养方案中给此门课程设置了 16 课时 1 学分，如何在有限时间内选择合适并具特色的教学内容，高效培养学生文化才艺的展示传播能力，便成了值得深入探讨的问题。

3. 中华才艺教学的作用

中华才艺技能如此重要，主要是由于海外孔子学院的主要任务不仅是汉语语言的教学更重要的是传播我国的文化，汉语教学的根本任务也是让外国人或者汉语爱好者通过汉语的学习了解中国文化，通过丰富多样的中华才艺展示加深和各个国家的文化交流。我国文化有上下五千年的历史，在历史长河中积淀了丰富多样的中华才艺，这些中华才艺在一定程度上反映了我国人民的价值观和民族性格。所以作为汉语教师必备的能力就是中华才艺技能，加强对汉语教师中华才艺技能的培养非常重要。

总体来说，中华才艺教学的作用包括两点。

（1）中华才艺教学有助于传播中国文化，有助于促进中国文化与世界文化的融合，让喜欢汉语、对中华文化感兴趣的外国人能够亲身和感受中华文化的实际魅力。

（2）汉语教学需要多种形式，从多角度加深学生对汉语学习的兴趣，教师如果将合理生动的中华才艺活动融入课堂教学当中，可以让同学感受到中华文化的魅力的同时让汉语课生动有趣，学生也能快速地学习一门中华才艺技能，对于学生参加各种中国文化有关的活动或比赛都可以起到增光添彩的作用。

4. 中华才艺教学培养现状

“中华文化才艺”这门课程，从其名称即可看出：一方面，我们要教学生学习和掌握某项中华文化才艺；另一方面，我们更要教他们如何“展示”，使他们了解和熟悉文化课教学方法。

（1）偏重才艺培养，轻忽文化培植

目前很多高校对这门课程的处理更偏重培训中华文化才艺。事实上，任何一项才艺都一定植根于丰富而深厚的文化土壤。如果说才艺本身是绽放的花朵，那文化背景定是深入土壤的根基。学好才艺的同时更要深植文化，只有这样，学生日后才能更好地传承和宣扬中华文化。纯粹的中华文化才艺学习容易沦为“文化碎片”，对中华文化的了解造成“浅碟化”。以教授书法文化为例，除了介绍书写工具、不同时期书法的风格流派、学习书法的过程等，我们更要使学生深深了解到，中国书法文化不仅仅是一门艺术，它更是一种极其日常而重要的文化传承方式，中国人一直以书法为启蒙教育的第一步，也是学习做人道理的不二选择。书法艺术背后隐藏的这些文化因子，不但要揭示给习焉不察的中国人，更是将来向国际学生群体展示书法才艺时着重宣介的部分。对外国人而言，掌握中国书法这门技艺固然重要，但引领书法与深层文化观念相结合，从而使外国学生达到真正认知中华文化的目标，这才是学生努力的方向。

（2）偏重才艺技能的学习，轻忽跨文化交际和教学技能

我们了解到大多数高校仅仅传授学生某项才艺技能，但欠缺相应的跨文化交际和教学技能的培养。事实上，自己习得某项才艺和将才艺展示传播给他人，尤其是国际学生，是两条不同的路径。满身才艺固然重要，但掌握丰富的教学技能，把自身才艺有效并高效地传达给将来的受众——国际学生则更为关键。相较于纯粹的汉语语言教学，文化教学对实施者——教师的要求更进一层，他（她）需要一定的跨文化交际技能，应该具备充分的多元文化视角，具备“局内自省”和“局外旁观”相结合的文化审视能力。同时，充分的沟通能力、良好的表达能力以及快速反应能力都是组织中华文化才艺活动时必备的基本素质，这仍然需要跨文化交际之类的课程提供足够的知识和能力储备。另外，学生进阶为中华文化传播者，他们未来的主要施展空间应该在课堂文化才艺教学上。这就需要学生具备丰富的教学技能技巧，不但熟悉教学内容，更要以高超而有效的手段来完成教学。所以学习阶段、足够的跨文化交际以及教学技能的培育十分必要。

（3）偏重技能或理论的输入，轻忽实践的输出

无论是理论的课堂讲授，还是技能的课下操练，抑或课上的示范、观摩和模拟，皆为学生的“输入—内化”过程。根据我们的观察，目前这门课程仅仅停留于输入阶段，却欠缺相应的“输出”环节。所谓“输出”，指的是学生能够将所学内容学以致用，走进国际学生群体当中进行真实而非仿真的实践操练。各高校能给学生提供汉语教学的实习平台，但普遍缺乏中华文化才艺展示的操练平台。这一阶段的“实践”大部分停留在学生自己的课堂上，很少有以外国学生群体为实施对象的中华文化才艺展示活动，更别提走进外国人社区，设计与组织一场真正的文化才艺教学活动。

（二）中华文化才艺展示教学实践设计案例

1. 教学内容

（1）太极拳

太极拳深受广大外国朋友欢迎。“杨氏二十四式太极拳”动作简单，富有代表性，动作之间连贯性强便于学生记住，使学习者更容易感受到太极的魅力。

（2）民族舞蹈

中国传统歌曲《茉莉花》具有非常典型的中华民族特点，教师将这首歌编排成舞蹈，使同学们更容易学会。同时经过教师的编排让每一位同学都在不同的站位有所表现，《茉莉花》编排的舞蹈本身动作简单，通过二十八拍集中表现，并且多数动作都是重复动作，使学生更容易掌握。

（3）书法

书法是中华文化才艺中很有特色的文化传播课程，但实际上学习书法并没有那么简单，因为书法主要使用的是毛笔，毛笔相对来讲不是很好控制，从拿笔、握笔再到书写的力度、书写的技巧都不容易掌握，再加上中国书法本身就有很多种类，如楷体、宋体、隶书等，每种字体都有不同的书写方式，就更是难上加难。书法作为汉字最具有艺术魅力的表现形式，学习书法可以提高学生对汉字艺术的兴趣。

2. 教学方法

中华才艺课作为一种互动性非常强的课程深受学生的喜爱。在一般的汉语国际课堂当中，中华才艺课主要通过多媒体教学和体验式教学相结合的方法进行。多媒体教学主要是让学生通过看视频、音像等给同学呈现立体多方位的中华才艺，教师可以通过视频加讲解的方式，让学生更加能够理解和学会中华才艺，接下来让学生亲身参与体验一下，感受一下实践的乐趣。

3. 教学过程

中华才艺课的主要形式就是汉语教学加体验，教师可以根据中华才艺课的课时进行合理的安排，在每次教学的导入环节可以先通过视频、图片等形式引起学生的兴趣，然后再亲身示范，让学生感受中华才艺的魅力。

教学过程一：第一到第三次课是太极拳的课程内容，对于太极课的导入可以从一部中国电影入手——《中国功夫》。很多外国人对于中国功夫都非常感兴趣，《中国功夫》是一部非常有中国文化元素的电影，可以从电影中功夫的动作和渊源给学生介绍有关于太极拳作为中国功夫的一种，它的由来、动作要领以及对人体的保健作用。接下来重要的教学内容是教会学生《杨氏二十四式太极拳》，让同学实际体验太极拳的动作，教师要先去给同学亲身展示，然后让学生跟着做，在实际做的过程中教师要挨个指导和规范每一个动作，同时更要注意太极拳的要领——神和气的结合，让同学通过太极拳的学习感受中华文化和太极精神。

教学过程二：第四次课，本节课的教学主要内容是《茉莉花》民族舞蹈的学习。在正式教学之前可以先给学生讲解《茉莉花》的创作过程和对中国相关舞蹈文化的介绍，比如作品所要表现的是对祖国的热爱等情愫。由于不同国家的舞蹈都有各自的民族特点，因此需要教师在进行《茉莉花》的视频教学中详细讲解中国舞蹈中的一些动作要领，教师要亲身示范让学生模仿，并进行分组展示和练习，对个别动作如手腕的动

作要加以逐一指导，另外教师自身的动作也应当完全符合标准，比如手掌、转手等。

教学过程三：第五次课，本次课继续进行《茉莉花》舞蹈的中段学习，教师可以先伴随着音乐完整地跳一遍舞蹈，让同学感受中国舞蹈的魅力，增强自己学习中国舞蹈的自信心，接下来教师进行分解教学，每四个八拍为一节，让学生从前奏部分开始分组练习，其中教师要着重展示动作的细节，利用慢动作、停止动作等方式，让同学看清楚每个动作之间是怎么连贯的，并及时纠正学生的舞蹈动作。

教学过程四：第六次课，本次教学主要是学习《茉莉花》舞蹈的后半段，教师一定要注重之前教过内容的及时复习，了解学生对动作的掌握情况和对音乐的感知能力，复习完学过的动作之后，再进行新动作的学习，最终完整乐曲后半部分舞蹈的学习，再连贯起来，让学生进行完整的《茉莉花》舞蹈的演绎。

教学过程五：第七次课，教学内容是中国书法，在这里要注意的是中国书写与外国书写有很大的差异，比如英语的书写是字母的书写，东南亚某些国家的文字是勾、圈为主的书写，这些都和汉字侧重横竖撇捺的书写非常不同。在进行教学之前可以先给学生播放多媒体视频，通过视频给同学介绍中国书法的起源、书法的种类等文化知识，然后选择楷书和隶书两个比较大众的字体进行教学，在教学的时候一定要规范学生的握笔姿势和力度，让每个同学都准备好毛笔，亲身体验一下拿毛笔的感觉，教师逐一进行规范。

教学过程六：第八次课，这次课的主要教学内容是楷书的教学，教师可以先写两个简单的词语，比如“中国”“文化”，先一笔一画地让同学观看书写的顺序和书写的力度，然后让同学临摹教师的字体，教师巡场进行指导，选择1～2位同学写得比较好的上台进行展示，给同学进行示范，鼓励其他同学在课下多加练习，争取早日掌握书法的书写技巧，如果还有时间，教师可以多写几个学生熟悉且简单的词语进行书写练习。

教学过程七：第九次课，此次教学的内容是隶书的书写，在进行新的字体教学之前，教师应当先带领同学复习上节课学习的楷书，检查同学学习楷书的情况。然后再用隶书和楷书分别写两个相同的汉字进行字体的比较，让同学感受两种字体在形状和风格上的不同，并详细讲解隶书的书写要点和规则技巧。让同学临摹教师写的隶书汉字，教师巡场进行指点，选取优秀的书写进行展示，最后有时间可以再选取一些熟语或同学感兴趣的词语进行隶书的书写练习。

4. 教学反馈

虽然中华才艺课的开展时间不长，但教师和同学们对于这种教学都很满意，通过几次课程的教学学生对中国文化有了更加深刻的了解，但在才艺课还需要进行教学的打磨，主要存在以下几个方面的问题。

第一，在进行太极拳的教学过程中，由于太极拳也是配合音乐进行的，因此在实际教学过程中学生容易将舞蹈和太极拳混淆。因此，在教学时教师应当和学生说明白，太极拳和慢型的舞蹈完全是不同的。

第二，在中华文化——书法课的教学中，学生在自由书写过程中针对笔顺的书写还存在很大的问题，通常不知道从哪下手，虽然写出的字是一样的，但笔顺完全不正确，而且学生模仿教师的痕迹太重，如果没有教师的示范和指导，学生对于书法的书写技巧完全不能掌握也不能独立地进行楷书和隶书字体的书写。

第三，由于学生的汉语水平都基本处于中等，因此，教师要注意教学视频选择时要符合学生对语言的理解能力，不要选择有太难语句的视频，影响教学效果。但是从整体上来讲，中华才艺课的教学是成功的，通过对中华文化的了解和亲身参与，大幅提升了学生对于中华文化的喜爱程度，学生在课后也会通过各种形式去加深对自己感兴趣的才艺的了解，除此以外中华才艺课也在学生语言表达能力上有非常大的帮助。

中华才艺实践课程让我们看到运用多媒体教学和体验式教学对于学生学习的帮助非常突出，通过中华才艺教学加深了学生对于中国传统文化的喜爱，对于中华文明也有了深刻的理解，有利于中国文化与世界文化的融合，课程的前景是一片光明的。

第五章

汉语言文学的教学方法优化创新

第一节　汉语言文学审美教学方法

汉语言文学属于人文学科，主要教学目标是培养学生的人文素养和审美能力，这与审美教育理念不谋而合，因此将审美教育融入汉语言文学教学中大为可行。可是有些教师设计的汉语言文学教学方案仅体现知识的传授，忽视了对学生的审美教育，学生无法感受到汉语言文学之美，思想得不到熏陶，更容易受到资本主义文化的入侵，抛弃中华民族传统美德，忘却中华儿女的艰巨任务，最终沦为社会的蛀虫。打破这一局面的最佳举措，就是加强汉语言文学教学与审美教育的有机融合，带领学生深度挖掘汉语言文学的独特之美，激发学生对中华优秀传统文化的热爱，增强学生对不良思想的抵御能力，学生就会坚定本心，快速成长成才，勇于承担时代和社会赋予的重任，将中华优秀传统文化发扬光大。

一、汉语言文学教学中实施审美教育的重要意义

（一）有利于丰富学生的审美情趣

在汉语言文学教学中实施审美教育，可以丰富学生的精神世界。在学生眼里世界是五彩缤纷的，美丽景色随处可见，学生将陶醉其中，发自内心地热爱生活，在学习和生活上会斗志昂扬，不畏惧任何挑战，让学生的学习和生活习惯变得更加健康向上。学生从汉语言文学作品中获

得独特的感受，他们就会迫切地想要探索汉语言文学内涵，学会辨别优秀的和劣质的汉语言文学作品，形成高雅的兴趣爱好，彻底远离低俗和媚俗的艺术形式，还会想要自己进行创作，实现从发现美到创作美的顺利过渡。

（二）有利于激发学生的创新意识

以往学生通常跟随教师的思路来鉴赏汉语言文学作品，他们看待问题的角度重叠，思维呈现趋同性，对学生创新意识的萌发造成一定阻碍。在汉语言文学教学中融入审美教育，可以引导学生从美学角度欣赏汉语言文学作品，运用更加全面的角度看待问题，不遗漏任何一个细节，鼓励学生大胆质疑，对学生的奇思妙想给予肯定。学生更愿意开动脑筋，他们在汉语言文学教学中的思维就会保持在活跃状态，提出更多新的见解并辅以佐证，学生的创新意识和创新能力得到有效培育，充分彰显了审美教育的实施价值。

（三）有利于传统文化的传承发展

汉语言文学作品中蕴含丰富的传统文化，是中华民族的瑰宝，其中有不少作品适合开展审美教育，向学生展示中华传统文化的博大精深，经过代代国民的传承形成了较为完善的文化体系。学生是时代的接班人，应该将传播中华优秀传统文化当作己任。增强民族自豪感和使命感的有效途径，就是在汉语言文学教学中实施审美教育，与学生进行情感交流，加强学生的审美体验，引领学生感悟汉语言文学的传统文化精髓。学生就会更加热爱传统文化，成为传统文化的忠实拥趸，中华优秀传统文化也能得以流传下去。

二、汉语言文学教学实施审美教育过程中存在的问题

（一）审美教育模式不健全

部分教师依然习惯应用传统教学模式，开展汉语言文学教学工作，只顾着传授理论知识，没有给学生表达心中想法的机会，更加没有认识

到实施审美教育的必要性，使得审美教育模式不够健全，审美教育严重缺失，教师对学生的引导不足，不能正确把握审美教育的时机，审美教育流于形式。学生只能运用理性思维鉴赏汉语言文学作品，无法深刻感受到作品情感，对作品的美学价值所知甚少，他们的审美素质难以得到提升。

（二）审美教育目标难实现

审美教育在汉语言文学教学中的渗透，能拓宽学生的视野，使学生从文学作品中联想到现实生活，发出对当今社会现象的深思，满足学生的个体发展需求。但是目前美教育仅停留在表面，教师没有将教学内容加以拓展延伸，没有让学生进行深入思考和发表感受，而是将自己的想法强行施加给学生。学生的思维深度和广度得不到拓宽，考虑问题过于简单，发展前景堪忧，这与审美教育理念背道而驰，审美教育目标将迟迟无法实现。

（三）教学方法单一落后

对思想活跃且好奇心强的学生而言，单一的教学方法只会桎梏他们的思想，让他们感到束缚，没有心思学习，汉语言文学教学及审美教育的开展就无法顺利进行。不少教师的教学理念比较落后，缺乏创新动力和热情，在教学过程中所用教学方法就是理论灌输，不关心学生的想法和需求。学生觉得不被尊重，师生关系相对紧张，学生经常会违反课堂纪律，不能长时间保持注意力集中，教学效果随之下降。

三、汉语言文学教学中有效运用审美教育的方法

（一）多元化实践活动：激发学生的审美兴趣

审美教育的最终目的是提升学生的审美素养，而素养的养成与能力的养成的区别，在于是否能够深入作品机理进行深度理解。实践活动作为加深体验感的最直接方法，对于提高学生审美素养有着重要价值。以文学作品《雷雨》的为例，可利用话剧的形式，让学生通过扮演《雷

雨》中的各类角色来加强对文本内容的理解。过程中教师可结合翻转课堂策略，让学生就文学作品的创作背景、创作思路与角色特点查询资料自主学习，在准备充分后，深入角色，体会和鉴赏作品[①]。具有趣味性的教学实践活动不仅能提高学生的学习兴趣，也有利于让学生深入体会作品的艺术价值。此外，为了强化学生与作品的情感共鸣，教师可利用视频或音频等信息呈现方式营造出良好的教学氛围。汉语言文学作品具有抽象性，枯燥的学习氛围容易引起学生的抵触甚至反感情绪，利用音视频方式将文学作品生动直观地呈现出来，能激发学生的学习兴趣，让学生在趣味性的教学过程中，养成正确的审美观念。

（二）互动性教学策略：加强学生的情感引导

审美教育在汉语言文学教学中应用的最大价值，就是能够加强学生对文学作品的情感领悟与认同。目前，汉语言文学专业学生的水平不一，部分学生的认知水平有限，审美基础薄弱。所以在审美教育应用过程中必须突出教学策略的“互动性”，注重引导学生的情感，在教学互动中释放学生情感，形成情感氛围。在这种氛围中，学生能更好地实现对文学作品的立体解读与深刻感悟，审美视野与理念得以拓展与升华。在此过程中教师需要注意教学的生活性，所谓“艺术来源于生活”，尤其是汉语言文学作品本身兼具艺术性与生活性。因此，教师在应用审美教育时不能只进行艺术上的审美教育，也要进行生活上的审美教育，实现教学课程与实际生活的精准对接。教师除了需要关注课堂活动，还需要关注与学生的课下交流[②]。利用多样化及生活化的教学方式来培养学生的审美情感，不仅能够显著提高学生的学习热情，也能以此带动学生对生活的热爱。

---

① 陈娇华．汉语言文学专业（文秘）实践教学改革初探——以苏州科技学院汉语言文学专业为例［J］．理论观察，2015（10）：8－10．

② 金大伟，夏华，谭冉．开放大学视域下汉语言文学专业文学课程教学探析［J］．安徽广播电视大学学报，2018（4）：46－51．

（三）拓展式教学思维：培养学生的创新能力

从技法层面来说，应用审美教育的目的在于培养学生的发散性思维，使学生能够深入发掘文学作品的思想情感与内涵价值，对作品进行解读鉴赏[①]。这不仅是提高学生审美素养的过程，也是培养学生创新能力的过程。因此，教师需要从学生的情感需求出发，打造出氛围浓厚、渠道广阔与思维发散的联想空间，通过积极引导与交流互动来帮助学生迅速进入探究作品思想的状态并延伸出自身的审美观念。与作品产生情感共鸣的过程中，教师应以个性化教学为基准因材施教，大力培养学生的审美思维与价值观，切忌生搬硬套。教学过程中，教师应以激发学生的想象力与创造力，作为审美教育的抓手，采用启发式教学提升学生的审美思维。例如，教师可在课堂上发布主题研究任务，引领学生对文学作品进行赏析，总结作品的写作特点和写作意图等，以此为基础鼓励学生进行再创作，培养学生的创新能力。汉语言文学教学不仅仅是为了提高学生的文学知识，更多的是帮助学生提高文学素养与综合素质。学生在具备充实的审美观念后，就可自发地深耕中国文化，提高审美基础。

综上所述，汉语言文学教学对审美教育的应用主要目的是培养学生的审美素养。将审美素养进一步细化，可分为独立质疑、辩难、批判及形成新思想智慧的方法。由此可见，审美素养是一种独立思考的科学观念与科学精神。审美素养与审美能力之间的区别，可概括为前者几乎不受偏见与成见的影响。在教学过程中，教师要避免主观意识的影响，客观地展现文学作品的内涵与价值，避免学生人生发展观念形成误差。教师需要透过历史，立足生活，提高教学审美要求，加强学生正确审美观念的建设，不断提高他们的思想文化素质与审美情趣。

---

① 刘艾清．地方高师院校实践教学现状及改进策略——以汉语言文学（师范）专业为例［J］．盐城师范学院学报（人文社会科学版），2013（3）：118－121．

第二节　新媒体环境下汉语言文学教学

在新媒体环境，传统教学模式正在发生改变，汉语言文学教学工作也同样如此，教学模式以及教学方式的改革正在快速进行。[①] 新的教学模式能够让学生更好地感受到汉语言文学的魅力，促进学生文学素养的提升。但需要认识到的是，传统的教学模式已经深入人心，尽管新媒体已经开始采取积极的方式融入汉语言文学的教学过程，但仍会受到传统教学模式影响，导致在汉语言文学教学方面容易出现很多问题。[②] 针对这一情况，学校必须引起高度重视，及时发现存在的问题，采取有效措施促进新媒体技术应用到汉语言文学教学中，优化汉语言文学教学方法，在最大程度上提高汉语言文学的教学效果。

一、新媒体环境下汉语言文学教学的新特征

新媒体时代的最大特点就是，打破了时间与空间的限制，将传统的教授模式转变为多渠道的立体教学模式，教师在教学过程中可以运用文字、视频以及音频作为信息的载体向学生传授相关的知识。这样汉语言文学的教学工作才能呈现出共享性、交互性、可塑性以及多样性的特点，使教师和学生都能够获得比较好的教授和学习体验。

（一）共享性

在新媒体环境下，互联网成为汉语言文学教学的主要工具。在互联网平台上，汉语言文学教学资源在更大的范围内被共享，在共享过程中

① 孟一帆. 新媒体环境下汉语言文学教学优化策略分析［J］. 文存阅刊，2021（12）：128，127.

② 郭廷梅. 浅议新媒体环境下高职汉语言文学教学优化策略［J］. 课外语文（下），2020（11）：44－45.

还有很高的实效性，极大地方便了教学工作的开展。[①] 除此之外，利用互联网平台，学生们可以根据自身的需选择学习资源或者整理学习资料，更好地调动学生的学习积极性。

（二）交互性

在新媒体环境下，学生与教师之间的关系不再那么遥远，教师与学生可以更快捷高效地进行交流。首先，使用新媒体技术可以有效地缩短教师的板书以及讲解时间，从而为学生预留出更多讨论和反思的时间。[②] 其次，新媒体技术的快速发展为学生和教师之间搭建了交流的平台，打破了教师与学生之间的交流障碍。

（三）可塑性

互联网技术的快速发展，为汉语言文学教学提供了更多的资源，这些资源不仅满足学生的学习需求，还能满足教师的教学需求。[③] 教师可以根据教学大纲，利用互联网的教学资源对教学内容进行选择和编排。教师利用丰富的网络资源开展教学活动，让教学活动更加具有针对性。比如在进行汉语言文学口语教学时，教师运用网络资源向学生呈现名家口语集锦，利用网络平台对这些资料进行整合，构建一个专属于自己的知识库，在以后的教学工作中，带领学生对其中的内容进行解读，对学生进行专项训练。[④]

（四）多样性

当前正处于知识经济的时代，新媒体在迅速发展，这对汉语言文学教学工作产生了一定影响。首先，汉语言文学教师在教学过程中必须做

---

① 李艳，刘艳藕．新媒体环境下高职汉语言文学教学优化策略［J］．南北桥，2020（6）：142.

② 王珍珍．新媒体环境下高职汉语言文学教学优化策略［J］．精品，2021（4）：117.

③ 陶丁绫．浅析新媒体环境下汉语言文学教学的困境与出路［J］．魅力中国，2020（23）：200－201.

④ 喻庆丰．新媒体环境下汉语言文学教学优化策略［J］．商品与质量，2020（39）：271.

到与时俱进，要善于利用开发和整合各种对教学有利的网络资源，使课堂教学更加生动形象。其次，教师在教学过程中可以利用各种视频、图片以及数据等将汉语言文学当中所涉及的人物故事背景展现出来，将网络资源优势充分发挥出来。[①] 教师在教学过程中还可以提出时下的热点问题，从传统文化角度出发，让学生们自由组成小组进行讨论。过程中教师要对学生的观点进行评价，以便更好地培养学生的思维能力以及思辨能力。

新媒体使信息传播更加广泛化和国际化，因此教师要深入地研究这些特征所带来的变化，充分利用好新变化来激发学生的学习兴趣，丰富教学方法。

二、汉语言文学教学面临的挑战

在新媒体环境下，高校的教学途径以及教学模式都发生了非常大的变化，这对汉语言文学教学来说既是挑战也是机遇。首先，由于新媒体技术的发展，各种新事物应运而生，使传统的教学模式面临诸多挑战。例如，由于人们说话习惯的改变以及多元文化的渗透，大大增加了教学内容的不确定性，而且碎片化的传播方式极大地降低了人们的思维深度。其次，虽然新媒体技术在教学理念以及资源等方面的优势很大，但前提条件是教师必须通过科学的教学手段才能够更好地将其作用发挥出来。因此，汉语言文学教学实践工作对新媒体环境的回应比较慢，在课程设施方面也存在问题，忽视了对学生语言能力的培养，而且教师的专业化水平低，这在一定程度上削弱了新媒体环境为汉语言文学教学带来的优势。

（一）网络流行语的冲击

新媒体时代衍生出众多的网络流行语，网络流行语是人们结合自身

---

① 王婷婷．浅析新媒体环境下汉语言文学教学优化策略［J］．人文之友，2020（23）：166.

的生活实际，对自己的工作内容或学习内容加工而来的。这些网络语言一经传播就成了语言潮流，在网络上流行开来。由于网络流行语是一种新事物，而且其用法与传统文字的用法存在比较大的差距，因此吸引了众多网友，受到了人们的广泛使用。新媒体时代的到来对汉语言文学的教学来说既有利也有弊。首先在某种程度上，网络流行语的出现促进了汉语言朝着个性化的方向发展，也促进了汉语言的传承与推广。人们对网络流行语的接受程度比较高，而且网络流行语最大的优势是其接受人群不受年龄的限制。网络流行语在现实生活中的使用频率越来越高，人们在日常的交流中有更多的语言选择，沟通变得更加具有趣味性。其次网络文化良莠不齐，在网络中充斥着不文明用语。一些网络用语颠倒了原本严谨的汉语语法结构，尽管颠倒之后不影响理解，但是这并不符合语法标准。从这一点来说，网络用语在一定程度上破坏了汉语言原有的使用规范，很容易让正在学习汉语言的学生受到影响，阻碍他们的学习和文化修养的提升。

（二）汉语言文学受众地位以及作用发生改变

在新媒体环境下，汉语言文学的受众以及作用发生了相当大的变化，越来越多的学生在现实生活中出现交流障碍，这一部分学生在网络中能够畅所欲言，非常乐于表达自己的想法，对于具体事件能够大胆评论，因为他们在网络世界中更容易得到他人的支持，观点也更容易被拥护。当这些学生回归现实以后，他们就变得不善于表达自己的观点，当他们处在具体的现实的交流环境中时，这种不善于表达的现象变得更为严重，他们的内心特别容易产生恐惧和自卑心理。在这两种情况下，学生们很容易产生巨大的心理落差，导致他们逃避现实沉溺于网络世界，扰乱了正常生活。许多学生的书写能力也因此下降，出现提笔忘字的情况，长此以往，就会削弱学生对中华优秀传统文化的感情，对汉语言文化就不会产生足够的重视。新媒体技术的出现，为汉语言文化教学提供了更为丰富的信息载体，但是由于网络空间约束性小，汉语言文学受众以及作用发生的变化会影响人才培养目标的实现，不利于学生养成良好的汉语言规范习惯。

（三）汉语言文学教学与实际生活相脱离

汉语言文学的最终教学目标是，方便人们的生活交流。随着新媒体时代的到来，传统的汉语言文学教学已经不能紧跟时代步伐，无法满足人民日益增长的交流需求。在现阶段的汉语言文学教学中，教师过多关注学生对书本内容的掌握，没有重视学生对的感受以及看法。学生在长时间的学习生活中容易形成固有的思维方式，此时教师如果还是强行灌输一些教学内容，不仅不能提高汉语言文学的教学质量，还会引起学生的反感，甚至会导致学生出现厌学情绪。在当代，学生的学习生活充满了各种新媒体元素，用语习惯以及说话方式都发生了巨大的变化。因此，教师想要在汉语言文学教学上有一定的突破，就必须紧跟时代的发展，充分了解新媒体环境，掌握新媒体的相关知识。此外，教师在上课之前要做好备课工作以及教学计划，将新媒体技术与汉语言文学教学的相关内容紧密结合在一起，确保教学相关工作不能脱离学生的生活实际，使汉语言文学成为学生生活的一部分。

（四）多元文化的渗透使得教学内容的不确定性增加

在当前新媒体的环境下，多元文化之间实现了相互融合，因此学生在文化的选择方面将面临各种各样的不确定性，汉语言文学的教学内容也更难把握。文化是社会发展到了一定阶段之后的产物，具有比较高的自然属性，学生很容易受到外来文化的影响，产生崇洋媚外和轻视传统文化的现象。汉语言文学体系要建立在传统文化的基础之上，如果教学方法不当，就会与生活缺乏紧密联系，为汉语言文学教学内容的选择带来相当大的不确定性。

（五）课程体系的设置忽视了对学生语言能力的培养

在当前阶段，新媒体的快速发展，对学生的语言应用能力提出了更高的要求，但是我国的汉语言文学专业课程并没有做出相应的调整。当前汉语言文学教学主要还是重视古代文学以及现代文学，学校为这两个方面安排了充足的课时，但是相对国外一些语言学科的研究来说还是比较少。对外国文学教学来说，尽管有相当多的高校设置了相应的课程，但是在教学实践中仍然是采用开卷考试的方式进行考核。汉语言文学专

业的学生本来就需要掌握大量的文学知识，这种不合理的课程设置使学生不重视与外国文学相关的语言学科的学习，严重影响他们自身知识的深度以及广度。

（六）专业化水平比较低削弱了新媒体教学的优势

在当前阶段，新媒体的快速发展虽然能够为人们提供丰富的教学资源，但是它需要教师在教学过程中运用科学手段渗透到日常教学活动中，才能够将其作用充分地展现出来。有一部分高校教学观念相对比较落后，虽然新媒体的出现能够使师生之间的交流更为密切，但是由于教师对学生的学习情况关注不够，使新媒体的优势作用不能充分地发挥出来，整个教学过程就会显得机械化，枯燥乏味。还有相当多的教师缺乏使用互联网的经验，不能很好地利用互联网资源进行教学，教学手段缺乏创新及优化。尽管有一部分教师能够运用新媒体技术教学，极大地节约了教学时间，但是他们并没有利用节约出来的时间让学生们相互讨论和反思，而是给学生讲授更多的知识。

（七）碎片化的传媒方式降低了思维的深度

在新媒体环境下，信息技术飞速发展，学生的用语以及书写习惯不断发生变化，有依赖网络传媒方式的趋势，时常出现提笔忘字的情况。我国传统书法以及汉字艺术逐渐失去支撑，这对汉语言文学产生了非常大的影响。与此同时，新媒体使人们的表达方式越来越随心所欲，各种碎片化的信息通过互联网传达给学生，学生会因此接触大量的垃圾信息，严重影响他们对事物的认知。此外，由于长时间受到碎片化信息的影响，学生思考深度不足，严重影响汉语言文学思维体系的形成。

三、新媒体环境下汉语言文学教学的优化方法

（一）规范教学方式，引导学生正确对待网络用语

在新媒体时代，网络流行语的迅猛发展对汉语言文学的传播和发展产生了极大影响，在这种情况下，汉语言文学教师需要有意识地改变自己的教学方式，引导学生正确看待网络词汇。随着互联网的迅猛发展，

网络流行语呈现出良莠不齐的特点，一些符合我国汉语言使用规范的网络语言，在能够有效促进我国汉语言普及和发展的情况下，学生可以借鉴和学习，以此丰富自己的日常用语。不符合汉语言文学使用规范的网络用语则要引导学生坚决杜绝，帮助学生取其精华、去其糟粕。

（二）利用网络平台提升学生对汉语言文化学习的积极主动性

现阶段，学校想更好地促进汉语言文学专业的良好发展，充分利用网络平台带来的优势，构建现代化的汉语言文学教学体系非常重要。从汉语言文学教学模式的转变可以看出，发展汉语言文学的关键，就是要充分地利用网络技术来为学生构建多元化的知识体系，让学生能够以多种形式的方法学习，这对提高汉语言文化教学效果具有非常重要的现实意义。

（三）增加人文精神教育，提高学生的人文素养

新媒体的快速发展促进了多元文化的传播，由于其特别容易受到不良文化的影响，因此汉语言文化教学以及学生的学习目的都变得复杂起来。对此，只有提高师生的文化素养，才能使汉语言文学教学不会受到不良因素的影响。在日常教学活动中，教师要充分利用互联网的优势拓展教学资源，在教学中融入更多的人文内涵，提高学生的人文素养。

（四）深挖新媒体中的教学资源，运用新技术优化教学过程

汉语言文学教师必须利用新媒体深入挖掘教学资源，以此来丰富自己的教学内容。首先，教师可以通过新媒体搜寻相应的教学资源，然后再根据自己的教学计划进行筛选，增强课堂的生动性。其次，教师要充分利用互联网挖掘课外资源，鼓励学生运用这些资源来丰富汉语言文学资源，拓宽他们的视野以及完善他们的知识结构。最后，教师要运用新媒体创新教学模式，提高汉语言文学课堂的吸引力，加强与学生之间的交流沟通，优化教学成果。

（五）深挖三维教学目标，完善新媒体教学环境

在新媒体环境中，包含汉语言文学课程在内的各种教学活动，都必

须充分发挥新兴媒介的教育功效，提高相关技能的运用水平。学校也要对新媒体课程开展一些专题化的研发工作，引领汉语言文学教师组成专业的新媒体教学与研究队伍，并积极探索新媒体技术的教学方法，从而有效地净化学校的网络环境，提高教师的新媒体教育能力，实现新媒体教育软硬件环境的全面优化。另外，学校要对具体情况设定更加多维的教育目标，最终达到产学研一体化，在保证学生的专业能力得到训练的基础上，设定一些更加具体的方式和目标，通过对学生的学习方式加以指导，有效提升学生的学习效率，培养学生积极向上的文学情感，确保学生更加契合汉语言文学专业的发展要求。

（六）建立多元性以及多样性的合作教育模式

在之前的汉语言文学教学中，都是以教师的讲解为主，主要讲解某一单方面的知识，这种教学方式非常不适合汉语言文学课程，严重影响汉语言文学的发展。因此有必要利用网络环境开放的优势构建多元化的合作教育模式，学生可以利用网络将遇到的问题及时反馈给教师，然后教师为学生提供指导，帮助学生更好地学习。

综上所述，新媒体时代的到来，为汉语言文学教学提供了许多便利条件，各类学校要充分利用新媒体时代的优势，打破教学工作墨守成规的局面，探索全新的教学思路，保持正确的教学态度，对新媒体带来的教学方法进行辨识并改进，创建多元化的教学模式，让汉语言文学教学更加富有人文气息，充分激发学生的学习积极性，让汉语言文学教学工作具有更高的实效性。

第三节　高校汉语言文学专业教学方法

一、高校汉语言文学专业教学现状分析

首先，目前我国高校汉语言文学教学模式还以传统教学模式为主，以教师和教学大纲为中心，教学方法也多以讲授知识为主，学生在教学

中处于被动状态，学生听得多忘得也多，很少有学生对汉语言文学产生兴趣而主动阅读，长期下来形成了学生过于依赖教师，一味顺从教材大纲的现象，学生课外阅读量很少，写作与理解能力也受到限制，学生专业基础得不到巩固，由于教师将教学重点单纯讲述给学生，学生在教学中缺乏动脑和动手的机会，使学生创造性思维的培养与创新能力的提高都受到阻碍，因此在高校教学中以教师为主体的教学方法，严重影响了汉语言文学专业的教学效率。

其次，目前在我国高校汉语言文学教学中，教师教学方法传统单一，也是使学生对汉语言文学教学缺乏兴趣的重要因素之一。教师以讲授的方式开展汉语言文学教学，学生单纯地记笔记，对重点知识进行机械记忆与理解，不利于提高汉语言文学知识应用能力，教师为了追赶教学进度，忽略了汉语言文化的特点，汉语言文学作为一种语文教学，不仅要求学生提高语言表达能力，还要提高写作与理解能力，而在教师往往忽略了这一点，盲目地使用传统方式授课，学生缺少语言表达能力和写作能力的锻炼，不利于学生将汉语言文学知识运用到实际生活中，使汉语言文学教学失去了现实意义①。

再次，我国高校汉语言文学教学缺乏实践教学，这让汉语言文学教学内容脱离实际，脱离现实生活情境，阻碍了汉语言文学教学效率的提高。语言的学习与表达离不开具体的语言环境，而高校汉语言文学教学中教师将教学束缚在课堂中，采用传统的教学方式进行教学，学生感受不到语言色彩和文学艺术，使汉语言文学教学陷入困境。

最后，由于学生的兴趣爱好不同，对汉语言文学形式的喜好也不同，有些学生喜好文学作品欣赏，有些学生喜欢文史知识，不同类型的汉语言文学内容使学生产生偏热现象。如果教学内容涉及自己喜欢的，学生就兴致盎然地学习，如果学生不喜欢的内容就被动消极地接受，与此同时教师没有正确地引导学生认识汉语言文学，汉语言文学教学质量因此得不到提高。

---

① 王彩琴．赵大海．汉语言文学专业人才培养模式新探［J］．电脑校园，2021（11）：11—12.

二、高校汉语言文学专业教学方法的改革重要性

首先，高校汉语言文学教学方法的改革，使我国汉语言文学在高校的发扬与继承得到了进一步的推广。以往传统的教学方法以教师和教学大纲为中心，让学生失去了课堂主体地位。而教学方法的改革使教师转变为教学课堂的辅助者，学生为教学主体，学生发挥了自身的主体意识，积极主动地参与到教学中，对提高汉语言文学教学效率具有重要意义。

其次，汉语言文学教学方法的改革，突破了以往传统教学的局限性，教学目标以培养学生的实际应用能力为主，学生在实践中学习，结合生活实践，学生掌握了汉语言文学的表达技巧，提高了学生的语言表达能力和写作能力，学生在实践中得到锻炼，对培养学生分析和解决问题的能力也至关重要。

再次，学生们在教师的指导下对教学内容进行研讨、分析，在教学中掌握了更广泛的汉语言文学知识，不仅提高了探究问题的能力，还丰富了对汉语言文化知识的认知，对提高学生的文化底蕴和文学素养具有重要作用。

最后，目前高校汉语言文学开设的课程主要有现代汉语、古代汉语、语言学概论、中国古代文学、中国现代文学、外国文学、中国当代文学、美学概论、影视概论等课程，这些课程通过对汉语言的发展历史进行研究与学习，还对中外文学进行比较学习，丰富了学生的文学知识，除了能提高学生的人文素养还具有较强的实用性。因此通过教学方法的改革，使学生对汉语言文学产生浓厚的兴趣，对我国培养综合素质人才具有重要意义。

三、高校汉语言文学专业教学方法的改革研究

1. 研讨式教学法，培养学生的创新能力

研讨教学法是一种比较常见的，高校汉语言专业教学方法，目前广泛地应用于高校汉语言文学教学中，研讨式教学法有效提高了学生学习

互动能力，能够充分拓宽学生的视野，加强学生的学习积极性，锻炼学生的语言思维能力，进而达成汉语言教学的目的。但是目前在高校教学中使用研讨式的教学方法流于形式，难以达到研讨式教学的初衷，究其根源在于教师没有抓住研讨式教学方法的关键因素，在教学过程中难以对学生引起足够的吸引力，探讨教学内容的深度不够，没有达到研讨教学的目的。因此要在高校汉语言文学教学过程中有效地应用研讨式教学法，应当从以下几个方面入手：首先教师在设立研讨问题时应当抓住文章的主旨，将对文章主题思想的深度挖掘作为课堂探讨立意，引导学生对文章进行深度研讨①。其次，教师在引导学生进行探讨时不应局限于教学范围，应当从作者的时代背景与人生经历出发，结合作者的相关作品，将教学研讨提升到语言文学中。最后，在研讨教学过程中，教师应当学会倾听，肯定学生的认知能力与思维能力，切实将自己定位成研讨的参与者，积极鼓励学生参与研讨，提高学生的语言研讨与思维能力。

2. 课外实践教学法，增强学生综合能力

汉语言文学教学有较强的应用性，因此将汉语言文学教学与实践相结合，使学生在实践中学习，通过实践加强对汉语言文学的理解。只有将汉语言文学教学理论知识与实践相结合，才能有效地培养学生的语言表达能力和写作能力，使学生将学到的知识完全应用到现实生活中去②。只有将汉语言文学教学应用到具体的实践中，才能使学生真正学会运用所学知识，达到学以致用的教学目的。

3. 以灵活的评价方式，培养学生的学习兴趣

评价是教学课程的关键环节，科学、灵活的评价方式能使评价发挥最佳作用，因此在教学方法改革中要采用科学、灵活的评价方式进行评价，教师一般对课后作业和考试成绩进行评价，将考试成绩作为最终的评价标准，这种评价具有一定的局限性，它束缚了学生的思维能力和创

---

① 章淑华. 以学生为主体，注重职业技能培养——以新余学院汉语言文学专业中国现当代文学课程教学为例 [J]. 新余学院学报，2015 (2)：93-95.

② 程超凡. 浅议提高汉语言文学专业学习创新能力的对策 [J]. 鸭绿江：下半月版，2016 (1)：257.

新能力。因此汉语言文学教学方法的改革对不同的教学内容采用不同的评价标准。如对一些鉴赏性的文章，要将课堂中学生对文章鉴赏和把握程度作为评价的标准；对一些提高写作水平的文章，教师应将学生是否做了教学重点的笔记、是否养成了良好的自学习惯等作为评价标准；针对一些开放性较强的文章教学时，应当将学生的理解深度以及是否具有创新性思维作为评价标准。只有采用科学、灵活、公平的评价方法进行评价，才能培养学生的学习兴趣，提高汉语言文学教学效率。

近年来我国高校为我国培养了大量的汉语言文学人才，将我国的汉语言文学不断地发扬光大，还有很多的汉语言文学人才被引进到其他国家教授汉语言文学知识，将我国的汉语言文学推向国际，使更多人学习和认识中国的汉语言文学，对提高我国的国际竞争力具有重要作用。只有使学生积极主动地参与到汉语言文学教学中，才能真正地了解与体会汉语言文学的真正意义和文学价值。

第四节　汉语言文学教学方式的革新

自新世纪以来，社会高速发展，汉语言文学教学应时而动，教学方式也应时时革新。然而，当下的汉语言文学教学质量令人堪忧，传统汉语言文学教学方式单一，导致汉语言文学的教学效果不理想。因此，汉语言文学教学方式亟待革新，以便更好地满足社会发展的需求。

一、当前汉语言文学教学方式存在的问题

（一）教学方式单一，教学方法落后

汉语言文学教学方式单一，是影响汉语言文学教学质量的重要原因。汉语言文学教学方式应当是丰富多样的，这样才能激发学生的学习兴趣，赋予汉语言文学教学以生命力，进而激发学生对汉语言文学的学习兴趣，提高汉语言文学教学成效。但当前汉语言文学的教学方式呈现出明显的单一性，导致汉语言文学教学枯燥乏味，学生参与教学活动的

积极性不高。汉语言文学是中华文化的瑰宝，蕴藏着悠久的历史，而单一的教学方式，仅仅依靠死记硬背来开展教学活动，学生对于汉语言文学的理解不到位，势必影响教学的整体效果，因此在教学过程中，教学方式单一是影响教学成效的首要问题。

在现代社会发展新时期，只有不断创新才能够实现发展，汉语言文学教学方式也不例外，只有不断创新，才能够更好地适应现代教育环境下的教学需求。但当前汉语言文学教学方法落后，学生参与活动的积极性不高，这就势必对教学质量产生影响，不利于学生创新思维的培养以及学生探究能力的养成。在汉语言文学教学过程中，很多教师仍沿用过去的教学模式，让学生通过死记硬背的方式来掌握汉语言文学知识，这是当前汉语言文学教学中存在的普遍现象。这种教学方式极易令学生产生厌倦心理，甚至对汉语言文学的长期发展造成阻碍，不利于汉语言文学的传承发扬，因而汉语言文学教学方法亟待创新。

（二）实践环节缺失，学生认知不足

任何一项教学活动的开展，都需要理论与实践的协调配合，没有了实践，理论将是空洞。在汉语言文学教学过程中，实践是一个重要环节，关系着学生语言表达能力的强化以及汉语言文学水平的提高。但从当前汉语言文学教学的整体情况来看，普遍存在缺失实践环节的情况，导致学生理论知识向实践技能的转化缺乏实践经验，不利于学生更好地内化汉语言文学知识，甚至在一定程度上制约着学生语言表达能力的增强，以及汉语言文学修养的提高。在汉语言文学教学过程中，部分教师单纯重视理论知识而忽视了实践教学的重要性，导致理论与实践无法实现紧密结合，严重制约学生应用能力的提升，导致教学效果不理想，无法满足现代环境下双向型人才培养的整体要求。

汉语言文学是高等教育中一门重要课程，关系着学生文化修养的提高，对学生的人生发展具有重要意义。但就当前汉语言文学教学的整体情况来看，部分学生对于汉语言文学的认知不足，认为与自己就业无关，没有实质性意义，因而参与汉语言文学活动的积极性不高。有的学生学习态度不端正，常常三天打鱼两天晒网，学习活动的开展具有反复

性，这就导致教学成效不理想，因而创新汉语言文学教学方式是非常必要的，可以更好地促进学生的全面发展。

二、汉语言文学教学方式的革新策略

（一）营造优良氛围，强化学生认知

为促进教学方式的创新优化，教师应科学运用多种手段营造优良的教学氛围，强化学生对汉语言文学的认知，激发学生的学习热情，从而改善教学成效。如教学曹禺的《雷雨》，可以选取几位学生分别扮演角色，有声有色地演一个片段，能不仅激发学生的兴趣，还能帮助学生理解作品，一举两得。“学生在表演过程中，由被动接受转化为主动参与，通过认真探讨剧情、人物以及作家的创作目的，不仅对作品有了更深刻的理解，也提高了他们的审美感悟能力、语言表达能力、互动能力以及组织能力。”[①] 在教学过程中，教师可创设优良的教学情境，采取角色扮演等教学方式，带领学生开展模拟训练，充分展现学生的主体地位，深化学生对汉语言文学作品内涵的感知，激发学生的情感体验。在这种教学方式下，学生参与汉语言文学活动的积极性更高。在教学过程中，教师应积极整合汉语言文学资源，创设角色扮演情境，营造生动和谐的氛围，调动学生积极性，促使学生情不自禁地参与到学习活动中，建立和谐的师生关系，在潜移默化中提高学生的汉语言文学水平。

（二）创新教学方法，激发学生兴趣

汉语言文学教学方法多种多样。如文学常识类的问题没有多少技巧，学生主要靠识记；而对文学作品的批评等主观思想的问题，则要求教师激发学生兴趣，发展学生的个性思维，学生可以各抒己见，从不同角度论述自己的结论。如学生对《孔乙己》中孔乙己的认识就不可能完全一样。当分析孔乙己为什么会有这么悲惨的结局时，有学生就质疑这是不真实的。并且他能够自圆其说，角度新颖，很值得肯定。教师这个

---

① 农莉芳．高校当代文学有效性教学策略研究［J］．南宁职业技术学院学报，2012（2）：44－47．

时候可采取启发或追问等多种教学方式，趁机培养学生的批判性意识，激发学生的兴趣。在课上多讨论，让学生多发言，开口有益。同时，多整理笔记，课下多查阅资料，写成小评论或小心得，日益积累，有助于培养学生的科研能力和创新能力。尤其在现代教育环境下，为全面提高汉语言文学教学质量，应积极创新教学方式，突破传统教学的局限性，通过多媒体的科学化运用，丰富汉语言文学教学内容；通过图像、声音及文字的协调作用，吸引学生的注意力，激发学生的学习兴趣，促使学生更加积极主动地参与到学习活动中，从而改善汉语言文学教学质量。“明确教学目标后，教师应根据学生的实际情况，有的放矢地选择教学内容，采用多种有效的方法，激发学生的学习兴趣，使学生在轻松愉快的氛围中掌握知识以及提高能力，同时受到人文精神的熏陶。”① 为促进教学方式的创新，必须尊重学生的主体地位，结合汉语言文学教学需求及学生文学水平，运用互联网搜集汉语言文学教学资料，确保其能够为汉语言文学教学服务。在汉语言文学教学过程中，应积极创新教学方法，让学生感知汉语言文学的无限魅力，促使学生充分发挥主观能动性参与到学习活动中，通过对汉语言文学的主动探究，来锻炼学生的语言组织能力与自我表达能力，从而促进汉语言文学高效教学的顺利实现。

（三）加强实践环节，开展良性互动

在汉语言文学教学过程中，为促进教学方式的有效创新，应针对当前教学方式存在的问题开展客观分析，积极加强实践环节，引导学生进行良性互动，巩固学生所学知识，并强化其实践应用能力，从而改善教学成效。“大学中文系学生的培养目标是使学生具有深厚的人文知识、深刻的人文思想、敏锐的审美感悟能力、丰富的想象能力和较强的写作能力。”② 在汉语言文学教学过程中，教师应积极更新教学理念，高度重视汉语言文学的重要性，为活动的开展创造优良条件，鼓励学生积极

① 农莉芳．高校当代文学有效性教学策略研究［J］．南宁职业技术学院学报，2012（2）：44－47．

② 王卫平．师范大学文学课教学的困惑、问题与出路［J］．北京大学学报（哲学社会科学版），2003（5）：28．

参与到汉语言文学活动中。通过汉语言文学活动的开展，激发学生的创造性思维，为师生之间及生生之间良性互动创造优良空间。在教学过程中促进理论与实践的紧密结合，在潜移默化中锻炼学生思维能力，激发学生的创造力，提高学生的汉语言文学水平，为学生的全面发展奠定坚实的基础。在教学过程中，教师可运用现代多媒体技术营造优良的教学氛围，激发学生对汉语言文学教学活动的积极性，从而促进教学方式的创新优化。

其实，汉语言文学教学实践性在于听、说、读、写能力的养成。多阅读经典，多写文章。读的目的在于充实和丰富人的精神生活，提升人的精神境界，写的目的在于创造和创新。因此在教学中，要让学生参与到学习活动中，在学习中领悟精神，训练能力，并引导学生不断总结，养成良好的汉语言文学素养。在教学中，多鼓励学生进行模仿写作，在多读的基础上进行创作，读写相互促进。多写读书札记，养成“不动笔墨不读书”的良好习惯。如果能够持之以恒，教学肯定会卓有成效。

当前汉语言文学教学方式存在诸多问题，严重制约教学质量的提升。为有效解决这一问题，必须致力于汉语言文学教学方式的创新，积极优化教学理念，拓宽教学思路，运用现代多媒体技术创新教学方法，激发学生对汉语言文学的学习兴趣，注重实践，在学习过程中开展良性互动，强化学生对汉语言文学的认知，推进汉语言文学教学活动的高效开展。

第六章

汉语言文学教学的实践应用优化创新

第一节　信息技术在汉语言文学教学中的应用

信息技术的应用能够有效提高教学效率，并能够帮助学生提高学习兴趣。在汉语言文学教学方面，信息技术的应用还比较少。因此，教师应不断加强自身能力，合理应用信息化技术，辅助性提高汉语言文学的教学质量和效率。信息技术在汉语言文学教学中的应用能够有效提高教学效率，帮助学生提高学习兴趣和能力。本节分析了当前信息技术在汉语言文学教学中存在的问题，并提出了信息技术在汉语言文学教学中的应用，最后探究了信息技术的具体应用方法。

一、信息技术在汉语言文学教学中存在的问题

（一）教学设备不足

信息技术的采用离不开相关技术与设备的支持。然而，当前很多学校在设备的投入方面做得还不够，导致教师难以真正实现汉语言文学的信息化教学。此外，由于信息技术的发展十分迅猛，各类技术都在不断地更新换代，如果不在信息技术上及时更新，则很可能导致技术之间无法兼容，进而造成数据传输问题和信息技术的使用问题等。因此，教学设备匮乏，信息技术投入不足、更新较慢，会导致汉语言文学难以实现

信息化教学。

（二）教师教学能力不足

将信息技术应用于汉语言文学教学中，要求教师必须具备相应的能力，将信息技术真正融入汉语言文学教学过程中。目前，仍有一部分教师停留于传统的板书以及灌输式的教学方式上。一方面，他们不愿意改变传统的教学模式和教学思维；另一方面，他们的信息技术能力不足。因此，他们难以充分合理地对信息技术进行应用。教师的教学能力主要体现在他们对信息技术的应用能力、课堂教学互动能力，以及课后的反馈激励能力等多个方面。这些能力的培养和积累，需要教师在平时不断提高自身教学能力，学习新的信息化技术，正确认知信息化教学的优点及要求，从而更好地提高汉语言文学的教学效率。

（三）缺乏信息化教学机制

信息化技术在汉语言文学教学中的应用还处于起步阶段，需要通过教学机制来保障应用的顺利进行。然而当前很多学校在信息化技术应用方面还没有形成一个完整的体系，教学机制的缺乏将阻碍信息技术的应用效率和效果。教学机制的应用主要包括信息技术的应用目标、应用效果的考核等方面。目前，很多学校对信息技术在汉语言文学教学中的目标并不明确，只是盲目推行信息技术。同时，对于目标的设定方面过于宏观，导致难以真正指导信息技术的应用。此外，作为对教学应用效果的评价，信息技术的应用考核能够有效对技术应用存在的问题进行总结和分析。然而，当前很多学校都缺乏针对信息技术应用效果的考核标准。受传统观念的影响，很多学校的考核标准都过于注重学生对书本知识掌握情况的考核，忽视了课堂教学过程中学生的参与度以及学生积极性的考核，导致考核机制难以与当前信息化技术背景下的教学模式相适应。

二、信息化技术在汉语言文学教学中的应用

（一）提高学习能力

汉语言文学的学习包括了很多方面，如词汇、语法、修辞等。语

音、文字部分包括培养学生读准字音、认清字形、掌握汉字基本意义的能力，语法和修辞等则主要是指在汉语言文学中的常用语法规则以及各类修辞的手段和方法等。传统的汉语言文学教学方法往往采用简单的板书，或者上课跟读等方式来进行。这样的方式不仅效率低，形式还过于枯燥，不利于学生的学习。而通过信息技术的应用则能够借助自身优势，通过多媒体等教学设备，对汉语言文学中的各类文字进行辨析，通过形象生动的多媒体展示，帮助学生更好地辨析不同文字和词汇间的区别，明确不同字词的读音以及含义。学生可以通过教学设备观看生字的笔画、笔顺、部首、间架结构、正确读音和汉字编码，同时跟随教学软件进行听、说、读、写等全方位的训练。信息技术的辅助可以更好地实现学生与教师之间的互动，明确汉语言文学中的各类语法修辞，并通过文章的阅读和写作实践，在课后更好地巩固汉语言文学知识。

（二）提高阅读能力

当代汉语言文学的教学需要更注重学生自主学习能力的培养，尤其是对文学作品的阅读能力的培养。教师通过信息技术，能够更好地辅助学生进行相关汉语言文学作品的阅读，检索和下载大学作品，在网上查阅相关的阅读材料，辅助学生更好地了解文学作品的基本背景和作者的基本情况，从而在阅读时能够更好地了解文章的主旨。通过信息技术，学生能够快速下载并阅读文学作品，并及时将自己阅读感想与其他读者进行实时交流与共享，从而更好地帮助学生提高他们阅读文学作品的能力。

（三）提高写作能力

随着信息技术的不断发展，学生的写作方式以及写作要求也面临着巨大转变。多媒体技术、网络技术以及计算机技术的应用，使得学生的文学写作逐渐从原来书面化的方式转为电子化的书写方式。通过计算机技术的支持，文学写作的效率将大大提高。此外，多媒体技术的发展使写作不再局限于传统的文字，逐渐朝着图文并茂的方向发展，有时还会插入相关的视频和音频。这样的写作方式使得学生的文学创作更加多

样，也能够更加代表他们个人的风格和特点，同时，也能够更好地激发起他们的写作兴趣。通过网络技术的支持，学生能够更快地将自己的文学作品与其他人分享，也能够直接得到读者的反馈。信息化背景下的汉语言文学写作形式将会更加多样化，面对的读者群体也会更加丰富，与读者之间的交流活动也会更多。信息技术的支持能够提高学生的写作能力，帮助他们更新写作方法，丰富写作内容，从而更好地获得读者的反馈。

三、信息技术在汉语言文学教学中的应用方法

信息技术的应用离不开学校的资金支持。为了加快信息技术在汉语言文学教学中的应用，学校应该在计算机、网络化以及多媒体技术方面加大投入，并定期对其进行维护。同时，还应加强对教师的培训工作，让他们更好地学习、掌握相关的信息技术，并鼓励教师将信息技术积极应用于汉语言文学的课堂教学中。在每学期的工作考核中，也应该加入对教师信息技术应用效果的考核，一方面对教师形成激励，另一方面也让教师在评价结果的基础上进行改进。为了让学生更好地应用信息技术，教师必须不断培养他们对技术应用的兴趣，将教学模式从传统的灌输式方式转为互动式、启发式的教学。在教学过程中通过多媒体技术，利用图片、文字、视频等方式不断调动学生的学习兴趣，营造轻松活跃的课堂氛围。在课堂之外教师也可以通过网络技术多与学生进行互动交流，多进行课外文学作品的阅读与交流，帮助学生更好地将所学的知识应用到文学作品的阅读以及创作中，通过教师的辅助，提高学生的学习积极性和主动性。

信息技术的应用能够有效提高汉语言文学的教学质量，且能够不断提高学生的自主学习能力。各高校应加大对信息技术方面的投入，加强对教师的培训，帮助他们更好地应用信息技术。此外，教师也应该不断提高自身素养，采用互动式的课堂教学模式，在信息技术的支持下，更好地与学生进行互动，提高学生学习的积极性和自主性。

第二节　微课在汉语言文学教学中的应用

当前，随着现代应用技术的发展，微课成了一种新型教育教学模式。微课是在科技时代发展潮流下应运而生的一种教学方式，它的运用效果正符合教学实践的要求，在未来的教育领域有非常广阔的运用前景。本节将从微课的概念、运用的优势以及实际运用中遇到的问题如何解决等方面展开研究。

一、微课的概念

微课，即微型课程，一般指在十分钟之内的视频课程。它是按照新课程标准而产生的一种新型教学模式。这种教学模式的主要特点是以视频简短、内容片段化为主。因为微课的主体很明显是以学生为中心，所以需要学生自主选择微课视频进行观看和学习。微课并非单向的灌输和传授，而是可以培养学生的思维能力。简短的视频时长也是微课能在学生中选择率较高的主要原因。将内容缩短在一个仅为几分钟的课时内，不仅知识点讲述精炼，而且可以提高学生的学习兴趣。所以，在新课标要求下设计的微课，实际上也反向提高了学生的自我学习能力。

二、运用优势

（一）迎合该阶段学生学习情况

从大学学科的专业性来看，微课的特点能在教学过程中起到非常大的作用。对刚进入大学的学生来说，专业性强的课程，很可能是他们刚开始步入专业学习的障碍。而微课能够把教师在课堂上所要突出的重点、难点和疑点进行记录，并注重反映课堂的某一个教学环节，学生在利用其学习时，能够自己抓住这些重点，从而更好、更快地跟上教师的教学进度。

（二）微课自身的优势

微课利用人在最开始十分钟注意力最为集中的这一特点，将每节课主要内容的讲解控制在十分钟之内，以此达到提高学习效率的目的。

汉语言文学作为一门人文学科，有时内容比较抽象，如一些意境的描写全都依靠学生自己的想象力来体会。学生要想准确地掌握、理解作者当时创作的情感和思想并不是很容易，这要求学生理解能力强，想象力丰富。因此，教师如何在短时间内向学生展示汉语言文学的魅力以及自己所要表达的内容是汉语言文学专业教学的难点，这也是广大师生面临的需要解决的问题。微课可以很好地解决这一难题，它可以把抽象的问题利用视频、画面展现出来，使学生理解起来变得容易，有利于学生从感官角度去理解所学内容，从而提高学生的学习效率。

（三）符合专业要求

本科阶段的汉语言文学专业在一定程度上偏向于对职业教师的培养。尤其是在一些师范类的汉语言文学专业中，学校重视培养语文教师。微课不仅是一种教学模式，同样也是一种教学资源。学生既可以以微课中的教学内容为学习资源，也可以用微课这种模式对有关教学方面的内容进行研究。除此之外学生在实习或是在参加教师资格证面试考试的时候，也可以将微课作为自我学习进步和锻炼教师专业素养的途径。

微课教学在汉语言文学专业中的应用应注重培养学生学习汉语言的兴趣和积极性，为学生以后的自主学习提供良好的基础。同时，教师在微课教学中要注重创新，注重培养学生的文学素养，突出学生这一主体，运用自己的丰富教学经验来引导学生对文学的感知能力，利用现有的多媒体以及发达的网络营造出轻松愉悦的教学氛围。同时，微课还可以拓展学生乃至教师专业课以外的知识内容，帮助学生拓展自己的知识面，符合现代发展要求，符合现代教学目标，符合汉语言专业教学的特征。因此，微课教学对完成汉语言文学专业教学任务有积极意义。

三、优化微课应用

微课是教与学全过程的体现，在教师制作和学生选择学习方面还需要重视一些问题。

（一）教师制作微课

这里的教师制作微课，是指该教师想设计一个微课课程所应该选择的方式。因为微课的类型多样，所以授课方可能不止一个人。例如，当微课是以动画的形式进行讲解知识点的内容时，它的设计方就是一个教研团队。虽然微课已经有了时间短、能够抓住学生注意力等优势，但在制作微课时，仍要求保证微课的质量。现在许多教师制作的微课质量还有待提升，究其原因则是由于他们没有从传统的课堂里面解放出来。因此，教师需要进行更进一步的探讨研究，不仅仅是在知识方面，还应在学生学习状况方面多加了解。只有抓住授课主体，才能真正地将微课制作好，使其更加有质量。另外，要注意不要过于利益化，逼迫学生进行视频学习，这样就失去了制作微课的真正意义。

（二）学生选择微课

由于微课在一定程度上是需要学生进行自我选择的，所以他们不仅需要选择各类、各阶层的教师，还需要辨别该课程的优劣性，即要选择好的教师和好的课程，这样才能将微课所能带来的价值体现出来。因此，在学生选择微课时，教师应该给予学生正确的指引，防止学生选择的方向有误，而耽误了学生良好的学习时期。除此之外，学生应该在这方面具备一定的识别能力，在多数的课程当中，选择最优质的课程进行学习。此时学校应该提供一个资源共享的平台，及时更新微课的教学资源，广泛采用多所学校、多名优秀教师的微课，也可以增加一些提建议或者意见的渠道，让学生逐渐学会如何挑选好的微课。

四、实施微课的意义

（一）提高学生学习的主动性和自主性

教师制作微课视频的过程，也是一个自主学习的过程。同时，微课视频能满足学生对不同学习内容、知识点的个性化学习要求，既有共性又有个性。每个学生在学习期间可以按自己所需有选择性地学习，在学习的时候既可以查缺补漏，又能强化巩固已学知识点。

另外，微课作为一种新型的教学模式，是学生课堂学习外的一种延伸，以一种全新的方式激发了学生的学习热情。微课教学打破了以往传统教师站在讲台上的授课方式，而使教师真正成为身边的导师、领路人。

（二）提高教师专业化教学水平

汉语言文学相对来说有一定的高度和深度，在实际的教学过程中，要求教师注重教学方式方法。教师在教学中可以从文学内容的选取和设计上考虑如何优化微课课程。教师可以从文学作品的写作背景、时代背景着手，再根据文学作品主题、主线、主要内容依次展开。最终，达到课件内容丰富有趣、通俗易懂，降低学生的学习难度，更大程度地激发学生的学习兴趣。

教师制作微课视频时，一般会选取设计课题、课件主题等，这就要求教师明确自己的教学目标以及教学内容，或有针对性的某个重点、难点等，使整个教学过程更加灵活有趣，这对教师也是一次学习和提高的过程，可以加深对该知识点的进一步理解。

另外，微课制作可以开阔教师的视野。要想制作优良的视频，教师必须掌握足够的知识点，必须翻阅大量的资料，所以说这是一个拓展教师知识面的过程，同时这也是对教师专业化水平提升的过程。

还有，微课的制作需要掌握现代化的技术，如计算机操作和应用技术，录制以及各种软件的运用等。这就要求教师与时俱进，努力学习新知识、新技能，随着社会的发展完善自己的知识体系。所以，对教师来说，知识面拓宽了，应用技术掌握得更全面了，才能够更加自如地在教学中展现出自己的水平。

通过微课教学，教师丰富了自己的教学经验，提升了自己的研究能力和专业化教学水平，促进了教师的自身成长，这是一个良性循环、循序渐进的过程。

（三）方便、易保存

相对于纸质资料，微课视频资料占地小、易保存。优秀的、有保存价值的视频资料可以永久保存，随时供人们查阅和修正。学生或者教师只要将微课视频资料下载到手机或电脑上，就可以随时随地进行反复学习。对缺乏名师指导或者交流不便、信息落后的学生来说，微课不仅是一个个优质的资源，更是一种好的学习方法，对开展教育教学研究大有益处。

（四）符合时代发展要求

在汉语言文学专业实施微课教学，符合当今社会时代发展潮流，这也是当今社会新型应用技术下应运而生的产物。网络的发展为微课在教学中的运用奠定了技术基础和支持，让微课的传播和使用更加方便和广泛，是对传统教学模式不足的有力弥补和改革。微课为广大学生学习降低了门槛，有利于推进教育教学的发展。

微课正在不断地发展当中，教师和学生都是推动它的力量，它不仅在玩转课堂，也在创新课堂，能让教学质量得到进一步的提升。教师用心制作微课，那么微课的应用价值也将在教学质量上明显体现出来。将微课应用于汉语言文学教学当中，也将是提升该专业教学质量的良好策略。

第三节　慕课在汉语言文学专业教学中的应用

现代信息技术以及网络技术的迅速发展和广泛应用促进了社会各方面的发展，其对现代教育的影响，无论是从教学理念、教学内容还是教学方式上，都产生了翻天覆地的变化。慕课作为在线教育中最热门的教育模式，以其大规模和开放性的特点满足了人们自身发展的个性化需求。随着慕课的影响范围越来越广泛，众多的教育学家开始重视对慕课教学的研究。基于这样的现实背景，本节以慕课对汉语言文学专业教学的影响为课题，首先论述了慕课的主要特点，在此基础上全面分析了慕课对汉语言文学教学的影响，最后给出了慕课模式下的汉语言文学教学研究的策略分析。

大规模开放性的在线教育给传统汉语言文学专业教学带来了很大的

影响，慕课作为一种线上教学模式，既颠覆了传统的大学教学模式，又在一定意义上促进了汉语言文学专业教学的现代教育转型发展。从国内外研究的现状来看，国内外学者对于慕课对高等教育影响的研究很丰富，但是单就慕课对汉语言文学专业教学影响的研究总体上来说还较少。慕课作为新型的学习方式，肯定会影响传统汉语言文学教学活动。那么，具体的影响是什么，传统汉语言文学专业的教学工作应该怎样应对，如何进行传统汉语言文学专业教学的现代教学改革等问题是本节论述的主要内容。

一、慕课的主要特点及其与传统网络教学的区别

论述慕课的主要特点，目的是突出慕课的新型教育模式，同样这些特点也是慕课井喷式发展的最主要的原因。对慕课主要特点的分析能够让我们更加清楚地认识到慕课为传统汉语言文学教育带来的挑战以及它的现实应用价值，从而更加主动地探索传统汉语言文学的教学改革。

（一）慕课的主要特点

第一，高度的互动性。交互式教学是慕课与传统网络课程最主要的区别之一，整个教学过程融入了师生互动、生生互动，使得教学更具有针对性。

第二，学习的便捷性。学习的便捷性主要体现在慕课网络平台的平台特性，能够不受时间和空间的限制，随时随地进行教学和学习，同时，便捷性还体现在学习理念的变化，学习者成为整个教学活动的主体，教师只发挥引导与辅导的作用。

第三，受众的广泛性。慕课网络平台的开放性和规模化的特点能够迎合广大网络用户生活和学习的个性化发展需求，没有人数的限制，同样也没有条件的限制。

第四，慕课的免费性。开放教育资源，实现终身教育是慕课的目标和宗旨。通过各个大学联合开设的网络学习平台，能够面向所有人免费提供优质的教育课程。

（二）慕课对汉语言文学专业教学的影响

1. 慕课与传统教学模式的关系探讨

慕课与传统教学作为教育的两种教学模式，其性质是一样的，都是实现学习者的个体成长，但是性能不一样。慕课对传统教学模式的影响既具有颠覆性，同时也为传统教学模式的发展带来了新的动力。因此，慕课与传统教学的关系本身是一种竞争融合的关系，并且融合大于竞争本身。而且，慕课的发展离不开拥有完善教学体系的传统教学的支持，其产生以及发展的历程都能够证实这一点。

根据慕课与传统教学模式关系的阐述，就慕课对汉语言文学的影响而言，主要包括两个方面。一方面是对传统教学的颠覆，主要表现为：首先对传统教学固定场所的颠覆，慕课突破了时间和空间的限制，把高校汉语言文学的教学资源通过网络学习平台呈现给所有人；其次对传统教学模式的颠覆，学习者通过自己的需要选择课程，而不是统一制定学习内容，进行统一的教学，学习者成为教学的主体，拥有选择学习内容的权利；最后，慕课教学模式能够实现个性化发展需要，使得教育因材施教得到更充分的发挥，改变了传统汉语言文学专业教师资源缺乏而不能够充分重视个体发展需要的现状。另一方面，慕课这种学习方式更能够提高学生的学习能动性和学习效率，这也是目前我国汉语言文学专业教学课程内容设置所不能比拟的。当然，慕课相比传统汉语言教学模式也有很多的缺陷需要进行完善和改进。因此，新旧教学模式的相互借鉴才能够更好地实现当前我国汉语言文学的发展。

2. 慕课对汉语言文学教学的启示

慕课通过对全世界教育资源进行整合，把优质的教育资源通过开放式网络学习平台免费提供给社会所有人，既推动了教育资源的优化配置，也促进了全球知识共享的发展。对我国汉语言文学教育来说，要结合我国教育资源建设的实际情况，迎合教育发展的趋势，在高等教育改革纲要的指导下，深化我国汉语言文学教学的教学模式改革，特别是网络平台开放式的汉语言文学教育资源的利用方面。

具体启示主要体现在：

第一，加强高校间汉语言文学教育等相关领域的合作。慕课的快速发展是教育发展的必然选择，是知识共享式教育发展的主题。各高校要牢牢把握住这个现代教育发展的趋势，深化在汉语言文学专业教育领域的合作，通过高校间的优势互补，采用强强联合的方式打造优质的汉语言文学教育资源。同时，高校间还要加强汉语言教学经验的交流，尤其是网络在线教学的交流，并鼓励教师进行网络在线教学的积极探索，从形式到内容全方位地打造汉语言文学教育优质资源。

第二，推进教学理念的改革。改变过去传统的以教师为中心的教学理念，尊重学生的个性化学习选择，把以学生为主体的教学理念贯彻到课程选择、课堂教学、教学评估等各个教学环节中去。

第三，重视网络在线教育资源的利用。通过国家精品课程以及网络公开课等丰富的网络在线教育资源的开发与利用，把网络在线教育资源作为学生自我学习和教学课程开展的重要基地进行建设，探索开发我国汉语言文学专业慕课教学模式。

二、慕课模式下的汉语言文学教学

（一）教学课程设计理念

慕课教学课程以小专题为模块，通过配备讲义以及小视频的形式进行授课。在作业设置上主要集中在重点知识点的测试反馈，作业反馈方式把同伴互评与自动批改相结合，通过论坛、学习小组进行课堂讨论。专题短小精悍的特性能够让学习者快速抓住重点，通过视频的讲解和测试反馈提高学生对知识点的理解程度。频繁的交流互动能够让学习者紧跟课程节奏，提高学习者学习的热情和自我学习的主动能力。因此，在慕课教学过程中，教师要把知识点进行浓缩并使之专题化，通过小单元的方式进行慕课视频的讲解和作业的布置，并通过网络社交软件广泛开展学习上的师生互动、生生互动，这样才能保证学习的质量。

（二）利用大数据进行分析

分析是教学活动中非常重要的组成部分，它能够在促进学生学习反馈、深化教师教学研究等方面起到极为重要的作用。教师通过对汉语言文学专业学生的数据调查分析，总结汉语言文学专业学生的兴趣点在哪里，爱好集中在什么方面等。同时，针对学生能力状况以及整体学习状况的分析总结，在国家高等教育改革纲要的指导下，教师要重新进行汉语言文学教学内容的编排，将实际生活融入汉语言文学的教学内容中，然后通过层次性的课程设置，对汉语言文学学生进行差别化教学。在这里，教师要注意对学生的学习效果进行必要的分析，通过大数据分析的结果，及时调整课程内容，只有这样才能够保证整个慕课汉语言文学教学的有效性。

（三）重视交互式教学方式的运用

在一定意义上，慕课模式无不体现交互和分享的学习特点，交互式教学方式能够通过师生之间、学生之间的学习交流，促进学生的学习热情以及加深对知识点的理解。同时，交互式教学本身就体现了对学生主体地位的肯定和对个性化选择的尊重。在慕课汉语言文学的教学活动中，教师可以通过整理风格各异的优质教学资源，通过课程的优化设计，多方位地引导学生自主选择教学资源内容，通过加强师生之间的互动，辅导学生进行难点、重点的学习，这样既有针对性，提高了课堂效率，又能够节省自己开发的时间与精力。引导、互动、交流以及共享，要作为汉语言文学教学慕课探索的重点来抓，只有这样才能够升华现代教育理念认识、丰富现代教学经验、实现现代教学探索。

慕课作为信息化时代的必然产物符合人们日益多样的生活需求，它的出现和快速发展必然会使传统汉语言文学专业教学模式面临挑战，而且这种挑战是具有颠覆性的。慕课作为新型教育模式意味着它同样也是传统汉语言文学专业教学发展的机遇。在我国高等教育改革的大背景下，我们要保持清醒的头脑，理性分析慕课模式的优势，从长远发展角度，不断汲取慕课的先进教学成果，适时地把慕课模式引入汉语言文学

专业，改变传统汉语言文学教学思路，通过优势互补，实现高校汉语言文学教学的巨大发展。

第四节 汉语言文学专业教学的应用性改造

汉语言文学专业拥有极其深厚的历史文化底蕴，旨在为社会培养专门的汉语言学科人才。在以知识传承和创新为学术基础、回报社会现实为学科使命的终极目标下，要关注汉语言文学专业教学的“技术应用型”改革理念和设想，积极培育技术型与应用型的创新人才，突破原有的学科中心化思维模式，实现汉语言文学专业由“知识中心”向“能力中心”的转化。

学校的人才培养目标逐渐向“应用型人才”的培育方向定位。汉语言文学专业教学也要思考自己专业的特殊性，思考汉语言文学专业的应用性，把握汉语言文学专业的应用性内涵，分析当前汉语言文学专业教学应用性改造中的问题和不足，积极探索汉语言文学专业教学的应用性改造路径，为培育汉语言文学专业应用型人才提供新的研究视野。

一、汉语言文学专业教学的特点及其应用性

汉语言文学专业教学相较于工程、建筑、医学、会计等专业教学来说，其特定的职业定位并不清晰和突出，较难与应用型人才的概念相契合。因此，对汉语言文学专业教学的应用性改造的思考要顾及该专业的特殊性特点。汉语言文学专业是传统的人文学科，涵盖中外优秀的文化遗产，以人类生存意义和价值关怀为核心，以培养学生的人文素养、广博的知识、较强的分析归纳能力为重心，体现出对社会的责任感和使命感。因而该专业的应用性并不体现于“技术”或“技能”等方面，而是着重于人的精神价值取向层面，对于汉语言专业教学的应用性改造要基于人文素养的前提之下进行思考，以学生的未来出路为基准和立足点，体现出该专业应用性改造的现实针对性。

对汉语言文学专业教学的应用性改造，我们可以从以下两个方面的因素来理解和认识：

（一）就业视角下的汉语言文学专业的应用性

在现代教育人才培育的过程中，学生的就业是必须直面的现实问题和重要因素，尤其是在文秘、新闻、广告、公共管理等新的专业衍生之后，汉语言文学专业教学面临极大的挑战和竞争压力，面对自身在职业定位之中的困惑，汉语言文学专业教学显露出其他专业所没有的精神文化底蕴。因此，要结合汉语言文学的历史发展和就业现状，突破汉语言文学专业与职业性应用技能之间的界限，将新闻传播、文秘、社区文化管理、广告方案设计等与汉语言文学专业教学相链接和整合，使之成为汉语言文学专业教学的应用模块，较好地增强汉语言文学专业学生的动手实践能力和就业竞争能力。

（二）深造视角下的汉语言文学专业的应用性

汉语言文学专业的应用性不仅可以帮助学生就业，而且还可以较好地应用于学生的深造和学习。要充分认识到学生深造的知识能力也归属于一种应用能力，要结合汉语言文学专业自身所具有的“厚积而薄发”的特点，培育高素质的应用型汉语言专业人才，使之具有一定的知识广度和深度，具有扎实的专业基础知识及较强的应用性知识。完善学生的知识体系，由扎实基础向增强后劲转变，由职业岗位技能和技术操作性要求的知识向完整系统的专业知识转变。同时，深造视角下的汉语言文学专业的高素质应用型人才还要具有一定的操作实践能力和创新能力，能够基于应用知识进行技术创新、二次开发和科学研究。另外，还要关注高素质应用型汉语言专业人才的非专业素养，要强调和重视汉语言专业人才的责任心、道德感、心理素质、意志品质、身体条件等综合素养的培育。

汉语言文学专业教学要强调应用性，并重视素质培养，强调专业素养且重视职业技能培训，在人本原则和理念的前提下，帮助汉语言文学专业教学实现由“在学习中研究”向“在研究中学习”的思维转换，更好地提升汉语言文学专业人才培养的层次，使之能够投身于社会各个层

次的领域之中参与竞争，体现出汉语言文学专业学生的价值。

二、汉语言文学专业教学应用性改造中存在的问题

（一）人才培养目标不够清晰

随着高等教育由“精英教育”向“大众化教育”转变的趋势，汉语言文学专业一直以来引以为豪的文化优越感正在逐渐丧失。在社会人才需求不断转换的背景下，汉语言文学专业教学的人才培育目标缺乏方向感，没有准确地寻找到自身的人才培育定位，难以与社会的实际需求相契合。

（二）专业课程设置欠缺合理性

汉语言文学专业教学的课程设置欠缺科学合理性，课程内容过于繁芜，并显示出较为浓烈的专业色彩和理论色彩，没有注入时代的精神和内容，限制了学生的视野和思路，不利于学生未来就业方向的选择。同时，汉语言文学专业教学中的必修课和选修课之间存在比例失调的现象和问题，导致学生综合素养及能力下降。

（三）应用教学实践存在缺失

汉语言文学专业教学在传统的教育理念的束缚之下，存在重知识传授、轻能力培养的意识和观念，学生处于相对被动的学习状态，缺乏师生之间良好的互动，并且在汉语言文学专业教学的过程中，缺乏切合实际的教学实践活动设计，难以使学生的理论知识转化为实践能力，不利于调动学生的积极性和兴趣。

三、汉语言文学专业教学的应用性改造路径

（一）明晰汉语言文学专业教学的人才培养目标定位

在原有的汉语言文学专业教学之中，没有从市场需求的导向，而是从学科专业的导向进行人才培育，只关注“学科专业培养什么样的人才”，而较少考虑“职业岗位需要什么样的人才”。而事实上，汉语言文学专业教学与其相对应的社会职业都需要极强的专业应用能力，如文秘

职业、行政职业、传媒职业、编辑职业等。为此，将人才培养目标定位于“学科性”与“职业性”的结合，紧扣学校办学定位和社会职业岗位需求，不仅要具有基础性文科的特色，注重学生学科知识体系的完整性、系统性，还要重视对学生专业应用能力的培养，使之与社会职业岗位需求相契合，以培育学生突出的专业应用能力为核心，由学科知识型人才培育向应用能力型人才培育转变，适度拓展汉语言文学专业人才的“广”和“博”，加大专业人才就业口径，增强其就业竞争力。

（二）进行汉语言文学专业课程体系设计

在汉语言文学专业教学的应用性改造过程中，要从三个层面进行设计：从宏观层次上进行专业课程体系的设计，使之能够成为具体课程设置的统领；从中观层面上进行专业课程体系的设计，着眼于专业课程体系中各学科知识模块的分解和细化；从微观层面进行专业课程体系的设计，注重各模块对应的课程设计。总体来说，汉语言文学专业课程体系的总体设计要以专业应用能力为纲、以专业应用能力为主线，进行学科专业知识模块及其具体课程的设计。

汉语言文学专业应用能力可以从专业基础能力和专业岗位能力两个方面来加以培育，并且这些应用能力要设置与其相对应的具体课程和实践环节。

（三）创新改造以专业应用能力为核心的教学模式和方法

在汉语言文学专业教学应用性改造过程中，要紧紧围绕汉语言文学专业的专业基本能力、专业岗位能力培育方向进行改造，从教学内容、方法、手段、课程资源、课程评价等方面，探索学用结合的汉语言文学专业应用性教学模式和方法，打造汉语言文学专业教学的精品课程，组建“中国现当代文学作品”课程组，创建以“应用性、地方性、开放性”为特色的汉语言文学专业教学内容体系，研读中国现当代经典名著，注重审美体验性阅读和理性分析，要培养学生的文本解读能力和审美鉴赏能力。课程组要全面推行“在学习中研究”，引入地方现当代著名作家作品教学资源，引领学生参与地方文化的研究，还要开展“在实践中应用”的教学，让学生参与地方文化名人资源、地方文化旅游资源

开发等文化产业项目之中，实现理论知识与现实实践应用相结合的教学。

另外，还要积极探索汉语言文学专业应用性教学的创新方法，要以学生为主体，探索互动讨论式、探究式、质疑式、合作式、情景式等不同的教学方法，实现师生共同参与和双向互动，以问题带动学生进行思考并获取知识，倡导运用现代信息化多媒体教学方法和手段，使单调的文学课程教学课堂变得鲜活生动，使学生在典型、丰富多样的感性材料中提升自己的人文素养。

例如，在“中国现当代文学”的课程教学之中，可以采用多媒体信息化教学方法和手段，使课堂更为立体化、形象化和情感化，使学生积极体悟文学的魅力，增强学生的审美能力。同时，还要全面落实实践教学的创新方法，要根据汉语言文学专业教学单元的具体模块进行实践操作。在“中国现当代文学”的教学之中，文学思潮篇单元要让学生进行课堂主题讨论，并在课后查找资料、撰写读书笔记，以掌握不同文学思潮、流派的文学观念和发展特点；中长篇小说单元可以让学生在“阅读、思考、讨论、总结”的过程中体会作家的语言特色、叙事风格和艺术特点，增强对作品的审美分析和问题解决能力；短篇小说单元可以让学生进行课前评述、精品赏析和小说改编等实践活动，了解现代短篇小说的主题风格及演变历程；现代诗歌单元可以引导学生练习写诗，以提升学生的想象能力和情感掌控能力；现代散文篇单元可以开展课堂赏析、写作练习、课外采风等实践活动，提升学生的审美感受；现代话剧篇单元则可以让学生自演、自导经典剧目的片段，把握话剧的艺术要素，领会话剧的语言、表演艺术、人物角色及情感表达等内容。

（四）构建多样化专业实践平台，完善专业实训课程体系

汉语言文学专业教学的应用性改造要构建多样化的专业实践平台，搭设起汉语言文学专业知识和专业应用能力之间的桥梁，要面向专业岗位群建设开放性的实习实训平台，充分链接学院和党政企事业、新闻传媒、文化公司等单位，设置“基础教育论坛”和“院企合作论坛”等平台，聘请专业资深人士进入院校之中，开展实训指导，以丰富学生的未

来职业经验，提升学生的就业竞争力。

汉语言文学专业教学的应用性改造还要从建构和完善应用型汉语言文学专业实训课程为着眼点，实现第一课堂、第二课堂的有机融合。具体建构方式和内容主要包括以下内容：

第一，立足于专业核心能力，确保实训课程与行业需求相对接。汉语言文学专业实训课程要遵循强化专业核心能力和对接行业需求的原则，培养学生对汉语的理解能力和运用能力，提升汉语言文学专业学生听说读写的能力。开设相应的实训类课程并予以强化，如口才训练课程、写作训练课程、公关礼仪课程、活动策划课程、调查与分析课程、网页设计与制作课程等。

第二，重构实训课程内容。要以汉语言文学专业教学的应用性改造为切入点，实现对实训课程内容的重构。具体来说，口才训练课程教学内容可以分解为“心理训练”“朗诵训练”“仪态训练”等内容，并将其重心放在实用训练项目方面，如“演讲口才训练”“辩论口才训练”“面试口才训练”“谈判口才训练”“社交口才训练”等，并要关注情境的实战训练。写作训练课程教学内容可以分解为“论文写作训练”“公文写作训练”“文学创作训练”等实训项目，还可以将其细化为“文献综述写作训练”“调查报告写作训练”“报告文学写作训练”等，并遵循命题布置、当堂写作、写作点评、修改等步骤和流程进行实用性训练，提升学生的写作应用能力和水平。

第三，改革专业教学评价体系，实现实训课程评价指标的多元化，以更好地增强实训效果。例如，调查与分析的活动策划实训课程就可以让学生以不同的调查任务为对象，设计调查问卷，并实施实地访谈、数据分析、调查报告撰写及上交等，教师可以根据学生提交的调查报告进行专业教学评价。学科竞赛和学生社团活动的实训课程可以让学生进行自主策划和实施，开展演讲比赛的选手选拔、“礼仪先生”的评选等活动，并与写作训练和公关礼仪课程相联结。教师则可以将学生提交的活动策划书作为专业实训教学评价的指标，对于表现优秀的作品则可以给予相关课程免考等奖励，以更好地激发学生参与实训课程的热情和兴

趣，增强实训效果。

（五）促进“双师型”师资建设和发展

在汉语言文学专业教学的应用性改造过程中，还要加强实训条件，提供必要的实训场地和设备，并加强“双师型”师资力量的建设。要使汉语言文学专业的教师深入到岗位实际中，利用实习和实践基地，体验秘书、记者、编辑等不同岗位的工作性质及特点，了解社会不同岗位的实际需求，以更好地增强汉语言文学专业教学的针对性和应用性。同时，还要引入资深的业内人士进入到校园之中，为教师和学生提供行业最新需求和规则，以丰富、生动的事例吸引学生，较好地提升汉语言文学专业教学的实训效果，增强专业教学的应用性。另外，还要注重对汉语言文学专业教师人才培养理念的更新，要使教师树立学科意识和职业意识并存的思想，充分发挥教师的个人优势和特长，开展学科学术职业岗位群的建设和发展，并到企事业单位、新闻媒体、广告公司进行挂职锻炼，成为具有综合素养的师资力量。

汉语言文学专业教学要实现自身的思维转换，要从学科和职业两个方面进行应用性教学，实现汉语言文学专业教学课程的重构和应用性改造，通过教学内容、教学方法的全面建构和优化，提升学生的汉语言文学专业教学实践应用能力。

参考文献

[1]党怀兴,程世和.汉语言文学书目与治学[M].西安:陕西师范大学出版社,2013.

[2]范祺玮,赵东方.现代教育技术对汉语言文学教学的影响研究[J].产业与科技论坛,2022(18):109—110.

[3]傅惠钧,占梅英,陈青松.师范类汉语言文学专业教学改革与研究人文教坛选萃[M].杭州:浙江大学出版社,2018.

[4]郭柯君.新媒体环境下汉语言文学教学策略探讨[J].速读(中旬),2022(2):105.

[5]和勇.汉语言文学专业课程教学研究[M].昆明:云南大学出版社,2021.

[6]侯文宁.新媒体环境下汉语言文学教学优化策略[J].时代教育(中旬),2021(11);46—47.

[7]胡开.汉语言文学教学效果提升策略[J].颂雅风,2020(12):4—7.

[8]黄德宽.安徽大学汉语言文字研究丛书:杨军卷[M].合肥:安徽大学出版社,2013.

[9]季焕荣.关于传统茶文化融入汉语言文学教学的研究[J].福建茶叶,2021(1):144—146.

[10]柯凯译.互联网环境下高校汉语言文学教学策略探讨[J].黑龙江科学,2021(17):132—133.

[11]匡健秀.高校汉语言文学教学策略探索[J].产业与科技论坛,2021(18):126—127.

[12]匡健秀.高校汉语言文学教学方法浅析[J].长江丛刊,2020(18):59—60.

[13]黎运汉.汉语言风格文化新视界[M].广州:暨南大学出版社,2018.

[14]刘诚儒,马钰聪,郭炫棋,等.新媒体环境下汉语言文学发展困境分析[J].时代报告(学术版),2018(9):233.
[15]刘钦荣,刘安军.汉语言文字理论与应用研究[M].北京:中国社会出版社,2019.
[16]马萧萧.高校汉语言文学教学策略研究[J].才智,2022(9):106—108.
[17]马晓芳.融合人文素质教育的高校汉语言文学教学[J].新教育时代电子杂志(学生版),2021(10):224,200.
[18]马应安."互联网+"背景下高校汉语言文学教学策略研究[J].产业与科技论坛,2023(5):191—192.
[19]邱海芳.汉语言文学中语言的应用和意境[J].魅力中国,2021(14):393—394.
[20]孙永兰.文化视角下的汉语言文字研究[M].长春:吉林人民出版社,2021.
[21]田宏丽.汉语言文学:提供丰厚的精神滋养[J].考试与招生,2022(4):42—44.
[22]田喆,刘佩,石瑾.汉语言文学导论[M].长春:吉林文史出版社,2019.
[23]王开银.汉语言文学中的艺术与审美[J].喜剧世界(上半月),2022(1):55—57.
[24]王祈祥.新媒体环境下汉语言文学发展困境探究[J].科学咨询,2019(10):127.
[25]王仁芬.基于汉语言文学的古今诗歌鉴赏[J].时代报告(奔流),2022(1):4—6.
[26]王一朱.汉语言文学教学方式的创新探究[J].中文信息,2021(6):143.
[27]王玉杰.现代教育技术对汉语言文学教学的影响研究[J].新教育时代电子杂志(教师版),2023(26):154—156.
[28]徐铖.汉语言文学教育浅议[J].文学少年,2021(19):264.

[29]于海鑫.汉语言文学在新媒体环境下的局限与前景探究[J].山西青年,2019(17):194.
[30]袁健燕.新时期高校汉语言文学教学的创新实践[J].文教资料,2021(19):213－214.
[31]袁巧,孙荣.基于微课模式的汉语言文学教学研究[J].佳木斯职业学院学报,2023(7):91－93.
[32]张舒畅.网络语言对汉语言文学的影响[J].商业文化,2021(10):130－131.
[33]赵婧.汉语言文学教学研究——评《汉语言文学导论》[J].语文建设,2021(17):86.
[34]周彦茹.新媒体环境下汉语言文学发展困境分析[J].银幕内外,2020(2):51.
[35]周卓琨,王宁,刘雅惠.浅议新媒体环境下汉语言文学发展的困境[J].魅力中国,2021(18):235－236.
[36]朱峰.汉语言文学教学中德育文化融入研究[J].文化产业,2021(5):66－67.
[37]朱圣男.汉语言文学教学构建翻转课堂的策略分析[J].经济师,2021(2):178,180.
[38]朱圣男.新时期汉语言文学教学运用微课教学的思考[J].经济师,2021(4):282,284.